독립운동 자금의 젖줄
안희제

독립운동 자금의 젖줄
안희제

| 이동언 지음 |

글을 시작하며

한민족은 일제의 침략으로부터 국권 회복을 위해 핍박에도 굴하지 않고 줄기차게 독립운동을 전개했다. 그 과정에서 독립운동 자금 조달은 무엇보다도 중요했다. 경제적인 여력 없이는 독립운동을 추진하기가 어려웠기 때문이다. 안희제安熙濟는 이렇게 가장 중요한 독립운동 자금 조달을 위해 위험을 무릅쓰고 활동한 독립운동가였다.

안희제처럼 다양한 독립운동을 전개한 독립운동가는 흔치 않다. 그는 독립운동을 위한 자금 조달을 자신의 사명으로 여기고, 온갖 위험에도 굴하지 않고 활발히 활동했다. 그는 일제 침략이라는 민족적 위기상황 속에서 교육구국운동·비밀결사단체 활동·민족산업육성운동·경제권수호운동·항일언론투쟁·문화운동·대종교를 통한 민족운동 등 다방면에 걸쳐 국내뿐만 아니라 국외에서도 활동했다. 국내에서 활동은 의신·창남·구명학교 설립, 대동청년단 결성, 백산상회 설립, 기미육영회 조직, 부산예월회 조직, 협동조합운동, 『중외일보』를 통한 언론투쟁 등으로 요약할 수 있다. 국외에서는 독립운동기지 개척을 위한 발해농장의 경영, 그리고 만년에는 민족종교인 대종교에 귀의하여 많은 업적을 남긴 것을 들 수 있다.

안희제의 활동 중에서 가장 주목되는 점은 무엇보다도 독립운동자금 조달이었다. 배가 고파서 우는 어린아이에게 엄마가 젖을 물리는 심정으로 안희제는 국내외를 막론하고 어떠한 위험과 역경에서도 독립운동을 위한 자금 조달의 젖줄이 되고자 했다. 이는 독립운동자금 지원에만 그치지 않고 국내외 독립운동세력을 연결시키는 통로나 마찬가지였다. 대한민국임시정부와 연계는 이러한 사실을 잘 보여준다.

안희제의 생애를 완전히 복원하고 제대로 다 밝히기는 어려울 것이다. 그러나 오로지 조국의 독립을 위해 독립운동가로서 평생을 살다간 안희제의 발자취를 찾아 그의 생애를 새롭게 재조명해 보고자 한다. 아울러 그의 구국이념과 나라사랑 정신을 되새겨 귀감으로 삼고자 한다.

2010년 5월
이 동 언

차례

글을 시작하며 _ 4

1 독립운동가의 기개를 키운 의령 설뫼마을   8
2 근대교육의 보급을 위해 교육구국운동에 앞장서다   18
3 교남교육회에서 계몽운동에 매진하다   25
4 비밀결사 대동청년단을 결성하다   34
5 독립운동 자금 조달을 위해 백산상회를 설립하다   49
6 독립운동 인재를 양성하기 위해 기미육영회를 조직하다   73
7 부산예월회를 조직하여 문화운동을 확산하다   80
8 협동조합운동에 앞장서다   96
9 중외일보 사장에 취임해 날카로운 항일 필봉을 휘두르다   101
10 국외독립운동기지로 발해농장을 경영하다   121
11 대종교에 귀의하다   127
12 임오교변으로 순국하다   132
13 경교장의 통곡소리   166

글을 맺으며 _ 169
독립운동가 안희제의 삶과 자취 _ 174
참고문헌 _ 179
찾아보기 _ 184

1
독립운동가의 기개를 키운 의령 설뫼마을

경남 의령군 부림면 설뫼마을에 있는 백산白山 안희제의 묘비문에는 다음과 같은 글이 기록되어 있다.

| 백산 안희제선생 추모비

정녕 민족사상의 고취자요, 민족교육의 선각자요, 민족자본의 육성자시며, 민족언론의 선구자이자 민족의 지도자이신 백산 선생이 여기 잠들어 계시다.

안희제는 1885년 8월 4일(음력) 경남 의령군 부림면 설뫼마을에서 부친 안발安鏺과 어머니 고성 이씨李氏 사이에서 맏아들로 태어났다. 자는 태약泰若, 호는 백산白山, 본관은 강진康津이다. 안희제의 집안은 신분적으로 소지주 향반에 속했으며, 안

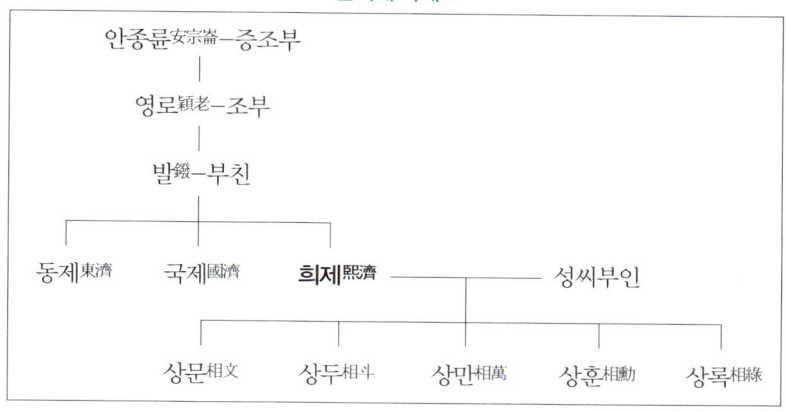

안희제 가계도

| 안희제가 태어난 의령 설뫼마을

향女珦의 후예로 전통적인 유림 집안이었다. 그의 고향인 의령은 1592년 임진왜란 당시 왜병이 침입하여 서울로 진격해오자 "나라를 지키는 일을 관군에게만 맡길 수 없다"고 분연히 일어나 전국 최초로 의병을 일으켜 왜병의 침공을 막은 홍의장군 곽재우郭再祐 의병장의 고장으로 유명한

데, 그와 더불어 의병활동을 전개한 의병장 안기종安起宗은 안희제의 선조이다.

안희제가 태어난 1885년은 갑신정변 이듬해로써, 조선은 배일감정이 고조되어 있었다. 그러나 일본의 영향력은 청나라를 압도해 갔고, 구미 열강들은 앞다투어 한국 진출을 꾀했다. 러시아는 동아시아와 태평양으로 진출하기 위한 교두보 확보 차원에서 부동항不凍港을 얻기 위해 한반도 남하를 시도했고, 이를 막기 위해 영국이 거문도를 점령하는 사건이 발생했다. 한반도가 대륙 세력과 해양 세력의 대립의 무대가 된 셈이다.

이러한 상황을 배경으로 안희제 집안과 같은 소지주 향반 계층은 서서히 몰락해 갔고, 양심적인 유림층은 민중의 앞에 서서 국권수호를 위한 의병운동과 계몽운동에 투신하기에 이르렀다.

어린 시절 안희제는 집안 형인 서강西岡 안익제安益濟에게 한학을 배웠다. 마을 서편 가파른 산중턱에 자리 잡은 산사山寺 재실齋室에서 수업을 했음에도 불구하고 비가 오나 눈이 오나 하루도 결석한 적 없이, 늦은 밤까지 공부에 전념했다.

어머니가 나이 어린 안희제의 손을 잡고 재실 입구까지 데려다 주면, 그는 어머니가 돌아가시는 길이 염려되어, "어머니"하고 불러본 후 어머니의 대답 소리가 들리지 않은 연후에야, 재실로 들어가 공부했다고 한다. 이를 지켜본 사람들은 그의 지극한 효성에 칭송을 아끼지 않았다. 또한 공부하다가 의심나는 점이 있으면 식사도 거른 채 질문했고, 의문이 풀려야만 집으로 돌아가곤 했다. 스승 안익제는 "까다로운 질문에 식은땀을 흘린 적이 한두 번이 아니었다"고 회상했다.

| 안희제 생가(경남 의령군 부림면 입산리)

| 안희제가 공부하던 고향 재실

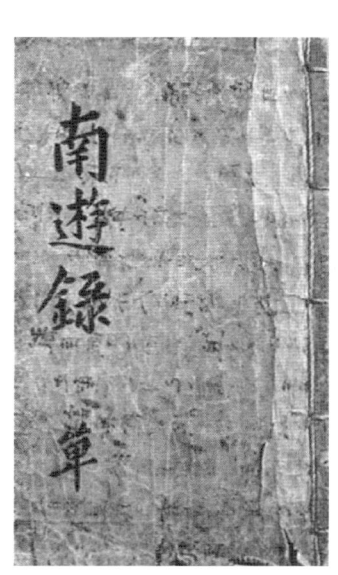

| 「남유록」

안희제는 15세가 되던 해인 1899년 창녕 성씨成氏와 결혼하였다.

안희제는 소학小學과 물리에 능통했고, 작문에도 뛰어났다. 윤백당尹白堂의 서체를 본 뜬 그의 필법은 '뛰어나다'는 평가를 받았으며, 조부가 부친에게 물려준 『주자서朱子書』 한 질을 공부한 다음에는, 필요한 부분을 뽑아 직접 문장을 기록하기도 했다. 15세가 되자, 그는 경서經書를 모두 통달했는데, 안익제는 안희제를 다음과 같이 평했다.

이 아이의 의리변론義理辯論과 춘추대의春秋大義의 밝음은 이 노학자가 미치지 못하는 바이니 장래는 물론 우리 겨레의 영광이 클 것이며, 몇 사람 되지 않는 유림 중의 한 사람이 될 것이다.

안희제가 17세가 되던 1901년 의령군아에서 백일장이 열렸다. 의령군수 정봉시鄭鳳時가 부제賦題를 내리자, 안희제가 제일 먼저 문제를 풀고 문장을 지었다. 그의 글재주에 놀란 의령군수는 안희제의 등을 두드리며, "참으로 재주 있는 사람이다. 후일 한양에서 다시 만나자"고 치하하고, 후한 상을 내렸다. 이때 지은 한시는 그의 문장력과 포부를 보여주는 것으로 주위 사람들을 놀라게 했다.

> 새는 한가로움을 좋아하여, 골짜기만 찾아드는데
> 鳥欲有閑尋僻谷(조욕유한심벽곡)
> 해는 편벽되기를 싫어하여, 중천에서 광채를 더 한다
> 日慊偏照到中天(일겸편조도중천)

| 1938년 1월 모친상을 치른 후 생가에 모인 안희제의 가족들.
앞줄 왼쪽 두 번째가 안희제, 세 번째가 동생 국제, 네 번째가 동제, 다섯 번째가 장남 상연.

안희제가 19세 되던 1903년 7월 15일부터 10월 10일까지 영남의 유명한 유학자인 장석신張錫藎을 비롯해 의령·합천·삼가·단성·진주·하동 지역의 사림 30여 명과 함께, 낙동강 합강정合江亭을 출발해 90여 일 동안 지리산 일대와 하동 쌍계사, 악양 고소성, 섬진강 등지를 유람하며 32수의 한시를 지어 『남유록南遊錄』에 남기기도 했다. 『남유록』에는 안희제가 지은 시 32수만 추려 모은 「백산시초白山詩抄」가 수록되어 있다.

한편 러일전쟁이 일본의 승리로 끝나자, 일제는 1905년 11월 19일 '을사늑약'을 체결하여 한국의 외교권을 박탈하고 내정을 간섭했다. 이후 군사력을 바탕으로 하여 한국에 대한 지배권뿐만 아니라 정치적·경제적 침략 야욕을 노골화했다.

고향 의령의 율리재栗里齋에서 독서에 열중하고 있던 안희제는 을사늑약 체결 소식을 전해 듣고 비통한 마음을 금치 못해 탄식했다.

소위 국록國祿을 먹고 있는 세신배世臣輩가 어찌 이 같은 불측한 일을 감행할 수 있단 말인가. 그들 역시 성현聖賢의 글을 읽은 자들인데 도리어 망국의 죄를 저질렀으니 그들의 목을 베어야 한다.

이튿날 아침 비장한 각오를 하고 집으로 돌아와 부친과 조부에게 자신의 마음을 고했다.

나라가 망했는데 선비가 어디에 쓰일 것입니까? 고서古書를 읽고 실행하지 않으면 도리어 무식자만 같지 못합니다. 시대에 맞지 않는 학문은 오히려 나라를 해치는 것이니, 내일 당장 서울로 올라가 세상에 맞는 학문을 하여 국민의 직분을 다하는 것이 가위 공맹孔孟의 도道라 할 수 있는데 어찌 산림山林에 숨어서 부질없이 글귀만 읽고 있겠습니까?

부친과 조부는 "너의 말이 옳다. 그러나 난리가 끝나는 것을 기다렸다가 그 동정을 살펴서 행동하도록 하라"고 말하며 그의 가출을 허락하지 않았다. 그는 하루 종일 생각에 잠겼다. 하지만 그의 결심은 확고했다. 결국 그날 밤 여장을 갖추어 집을 나와 상경했다. 가족 및 친척들은 안희제의 이러한 행동과 뜻을 가상히 여겨, 그의 의지가 확고하

| 보성전문학교

다면 차라리 그의 마음을 안정시켜 주는 것이 좋을 것이라는 데 의견을 모았다.

   서울로 상경한 안희제는 빼앗긴 국권을 회복하기 위해서는 신학문을 통한 새로운 정신적 무장이 필요함을 절실히 느끼고, 사립흥화학교私立興化學校에서 신학문을 수학한 다음, 보성전문학교普成專門學校(현 고려대학교) 경제과에 입학했다. 러일전쟁과 을사늑약 등을 거치면서 그는 독립운동 방략을 계몽주의로 전환했고, 국권회복을 위해서는 근대교육을 통해 민중들에게 자주독립 사상을 고취시키는 일이 급선무라고 판단했던 것이다.

| 양정의숙. 안희제는 1910년 양정의숙 경제과를 졸업하였다.

이듬해 1월 조부가 상경하여 안희제의 집안 형인 안석제(安奭濟)의 집에서 안희제를 만났다. 안희제는 통곡하며 조부에게 다음과 같이 말했다.

나라가 망하면 백성도 망하는 법입니다. 지금의 필연의 대세를 보건대 옛것을 굳게 지키면 어찌 우환을 면할 수가 있겠습니까? 지금으로부터 4, 5년 후에는 꼭 고향으로 돌아가 불효의 만분의 일이라도 갚도록 하겠습니다.

안희제의 굳은 결심을 듣고 난 조부는 다음과 같이 당부했다.

너의 마음이 정 그렇다면 말리지는 않겠다. 그러나 나라에 있어서나 집안에 있어서 남의 웃음거리는 되지 말아야 한다.

1906년 그는 양정의숙養正義塾으로 전학했다. 그 이유는 당시 보성전문학교 설립자인 이용익李容翊이 러시아로 망명해 학교는 극심한 재정난을 겪게 되었다. 또한 교장 이종호李鍾浩에 대한 배척운동이 일어나게 되었다. 또한 이 일에 안희제가 연루되었기 때문이었다. 이후 그는 보성전문학교와 양정의숙 학우를 비롯한 청년지사들과 교류하면서 계몽운동에 투신하게 된다. 청년지도자로서 백산의 명성은 이때부터 회자되기 시작하였다.

2
근대교육의 보급을 위해 교육구국운동에 앞장서다

양정의숙 경제과에 다니던 1907년, 국권회복운동을 전개하기 위해서는 신학문을 통한 근대 교육이 급선무임을 깨달은 안희제는 의령에 의신학교와 창남학교를 설립했다. 또 윤상은 등 유지들과 함께 동래 구포에 '구명학교龜明學校(현재 부산 구포초등학교)'를 설립했다.

구명학교는 1906년 11월 윤상은·박형전朴馨銓·이경화李敬和·장우석張禹錫 등 발기인 26명의 기부금을 기반으로 설립되었다. 구포사립학교 취지서를 보면, "구자龜者는 신명지족이神明之族而 사령지일야四靈之一也"라는 의미에서 학교 이름을 '구명龜明'이라 했으며, 국권회복을 위한 민족교육의 중요성을 강조하고 있다.

1907년 9월 9일(음력) 개교한 구명학교의 초대 교장에는 장우석이 취임했다. 1909년에는 안희제가 교장에 취임하여 2년간 직접 학교를 운영하는 등 근대교육 보급에 노력을 아끼지 않았다.

구명학교의 설립 기부금을 낸 인물들의 명단을 보면, 장우석·윤상은·오치현·박용주·서기표 등이 크게 공헌했음을 알 수 있다. 또한 후

| 구포구명학교 개교 기념(1907. 9. 9)

술할 대동청년단의 단원으로서, 상하이 대한민국임시정부 초대 재무차장을 지낸 윤현진은 구명학교 제1회 졸업생이었다.

구명학교는 1년제 소학교였는데, 일제의 조선교육령(1911)·사립학교령(1915) 등 식민지 교육정책 시행과 탄압 정책에 따라 1918년 4월 1일 '구포공립보통학교'로 변경했다. 공립학교로 전환하면서, 동래군 구포면 화명리의 사립 화명학교華明學校와 구포의 사립 여학교인 정명의숙貞明義塾이 구포공립보통학교에 통합되었다.

1907년 양정의숙에 재학 중이던 안희제는 교남학우회를 조직해 임원으로 활동하면서 학생들을 규합했다. 또 고향 의령을 중심으로 영남 각지를 순회하면서 민중계몽을 위한 강연회를 개최하고 1908년에는 교남

구포사립학교기부

교육회의 평의원이 되어 활발한 활동을 이어갔다.

이렇게 민중계몽을 위해 힘쓰던 안희제는 같은 해 의령 입산리에 창남학교를 설립해 청소년들에게 근대학문을 교육시키고자 했다. 그러나 집안 어른들의 반대에 봉착하게 되자, 안희제는 식음을 전폐하고 어른들을 설득했다. 결국 그의 끈질긴 노력으로 창남학교가 문중 재산을 기반으로 하여 설립되었다. 여기에는 친척 형인 수파守坡 안효제安孝濟의 도움이 컸다고 한다. 홍문관 교리를 지낸 안효제는 안희제를 돕기 위해 마을 어른들을 다음과 같이 설득했다고 한다.

닥쳐 올 내일의 일은 자손들에게 맡기는 것이 옳은 일입니다. 부로父老들의 목숨은 천백세를 살지 못하는 것인즉, 만약에 옛것만 지키는 일만 한다면 어찌 밀려오는 신사조新思潮를 막을 수 있겠습니까?

안효제는 1910년 경술국치 후 이른바 일제가 주는 은사금恩賜金을 거절하여 창녕경찰서에 수감되었는데, 고초를 겪으면서도 일제에 항거했다. 이로 인해 의령 설뫼마을 안씨 문중에 대한 일제의 감시와 탄압은 날이 갈수록 심해졌다.

창남학교는 경남 의령을 대표하는 사립 근대교육기관이었다. 당시 영남지역이 타 지역에 비해 근대교육기관이나 학회의 설립이 늦은 이유

중 하나가 보수유림들의 강한 반발이었다.

당시 영남지역의 근대교육운동은 유림의 강한 반발에 부딪혀 어려움을 겪었는데, 경북 안동 협동학교의 경우를 통해 짐작이 가능하다. 1907년 3월 경상북도 안동군 임하면 천전동에 설립된 협동학교는 1909년 교직원과 학생 30여 명이

| 창남학교

단발을 단행했는데, 이는 보수 유림의 심한 비난을 야기했다. 이 같은 분위기 속에 이듬해에는 독립운동 방략의 차이점을 이해하지 못한 이 지역 의병들이 협동학교를 공격해 교감 김기수, 교사 안상덕, 회계 이종화가 피살되는 사건이 발생했다.

당시 『황성신문』에서는 「조협동학교弔協東學校」라는 논설을 통해 '협동학교의 불행한 변'이라 하며 김기수·안상덕 두 청년 교사의 죽음을 애

| 협동학교 피습사건 보도기사와 애통해 하는 논설 「弔協東學校」(『황성신문』 1910. 7. 23)

| 협동학교 교사들

도했다. 이 사건으로 보성전문학교 교원 2명이 두 교사의 죽음을 원통하게 생각해 안동으로 달려갔으며, 대한협회 안동지회에서는 특별회를 개최해 안동 유림의 완고함을 성토하는 성토문을 발표하고, 협동학교를 지지했다.

또한 두 청년교사의 피살사건은 안동지역뿐 아니라 전통 보수세력과 개화 혁신 세력간의 갈등을 단적으로 보여주는 대표적인 사건이었다. 그러나 보수 유림들의 강한 반발에도 불구하고, 보성전문학교·양정의숙 등에서 근대학문을 수학한 청년지사들의 노력으로 보수 유림의 분위기는 일신되어 갔고, 근대교육기관은 계몽운동의 핵심적인 역할을 수행했다.

안희제는 보성전문학교 동창인 김기수·안상덕의 피살 소식을 전해 듣고 안동으로 달려가 시신을 서울로 운구해 장례를 치렀다. 안희제는 안동 협동학교 설립에 관여했으며, 이후에도 협동학교를 위해 후원을 아끼지 않았다. 협동학교 교감 김동삼과는 대동청년단과 조선국권회복단에서 함께 활동한 동지였다.

당시 영남지역 인사들 중 보성전문학교 출신은, 안희제를 비롯하여 남형우(고령)·최병찬(의령)·서상일(대구)·신백우(청원)·신성모(의령)·신

| 김동삼

| 박상진

| 민립대학기성회 창립총회(1923. 3. 30)

상태(칠곡)·이각종(대구) 등이 있었고, 양정의숙 출신은 안희제 외에 박상진(경주) 등이 있다. 이들은 서로 교류하면서 고향을 중심으로 계몽운동을 펼쳐 나갔다.

 1921년에는 부산에서 고등보통학교 설립을 위해 많은 노력을 기울였다. 또한 1922년 12월에 서울에서 민립대학설립기성준비회가 구성되어 민립대학 설립운동이 본격화되자, 안희제는 이듬해 1월 부산에서 이경우·김준석·문상우·김국태 등과 함께 발기인으로 참여하기도 했다.

 1923년 2월에는 부산진공립상업학교(현재 부산상업고등학교 전신) 학생들이 학교 승격과 교명 변경을 요구하며 동맹휴학을 단행했다. 이때 그는 '부산상업회의소 의원 대표' 자격으로 학생들의 요구를 관철시키기 위해 앞장섰다. 그리고 1924년 2월 마산에서 경남유림대회를 개최하고 교육사업 추진을 목적으로 유도협성회儒道協成會가 조직되자, 이사로 활동하기도 했다. 1926년에는 부산도립여자고등보통학교 기성회 임원으로서 학교 발전을 위해 진력했다.

 이 외에도 망명 시기인 1933년 중국 영안현 동경성에 '국외독립운동기지'로 발해농장渤海農場을 건설했을 때에도 동경성 중앙에 발해보통학교를 설립하고 교장에 취임해 한인 이주농민과 자제들의 민족교육에 심혈을 기울였다.

3 교남교육회에서 계몽운동에 매진하다

교남교육회는 1908년 3월 15일 창립된 학회이다. '교남嶠南'이라는 용어는 '영남嶺南'과 같은 뜻으로, 서울에 거주하는 영남지역 출신 인물을 주축으로 설립되었음을 알 수 있다. 한말 설립된 학회들은 대개 지역단위를 중심으로 결성되었다. 교남교육회는 호남학회(1907. 7)·서북학회(1908. 1)·기호흥학회(1908. 1)·관동학회(1908. ?) 등과 비슷한 시기에 설립되었다.

교남교육회의 창립 취지와 활동은 기관지인 『교남교육회잡지嶠南教育會雜誌』를 통해 알 수 있다. 『교남교육회잡지』는 교남교육회가 창립된 지 1년 1개월 후인 1909년 4월 25일 창간되어, 1910년 5월 25일 제12호를 마지막으로 종간되었다. 현재 『교남교육회잡지』 7호(1909년 11월 25일)와 9호(1910년 2월 25일)를 제외한 나머지가 전해지고 있다.

1908년 3월 8일, 보광학교에서 재경 영남지역 인사 140여 명이 교남교육회 발기회를 개최했다. 김중환이 임시회장으로 추대되었고, 박정동이 창립 취지를 설명했으며, 최정덕이 「관습개량慣習改良」이라는 주제로

|교남교육회잡지|

연설을 했다.

3월 14일에는 150여 명이 참석한 가운데 임시총회를 개최했다. 임시의장으로는 현영운玄暎運을 선출했으며, 이어서 각 임원을 선출하고, 다음날 보광학교에서 발기인 박정동·상호 등을 비롯한 영남출신 인사 145인이 모여 총회를 개최했다. 임원으로는 회장 이하영李夏榮, 부회장 상호, 총무 손지현孫之鉉을 비롯해 48인이 선임되었고, 같은 해 4월 25일까지 가입한 회원수는 384명에 달했다. 교남교육회의 설립 배경은 "영남지역이 전통적으로 유림의 보수적인 성향이 강해 다른 지역에 비해 신문물의 수용이나 근대교육 도입이 늦어져, 보다 각성하여 보다 구체적이고 실천적인 '흥학설교興學設校'를 추진하기 위해 교남교육회를 설립하게 되었다"고 밝히고 있다.

국권 피탈 직전 애국계몽운동의 대표 단체라고 할 수 있는 대한자강회가 해산되고, 대한협회가 친일화하는 등 애국단체들이 힘을 잃어가던 시기에 설립된 교남교육회는 「교남교육회 취지서」에서 국권 회복 운동을 위한 교육에 중점을 두고 있으며, 교남교육회 설립 이유는 "유독 우리 교남이 '추로지향鄒魯之鄕'이라 일컫고 영준한 자제가 많으므로 기반이 튼튼하고 학문적 자질이 새로운 지식을 교육하여 장래를 대비하여야 함"이라고 밝히고 있다. 아울러 교남교육회 설립 목적을 '교남교육의 진흥을 목적으로 한다'라고 명시하였다.

또한 '교남교육회 규칙', '통상회세칙', '교남교육회 지회 설립 규정',

'교남교육회 지회 규칙' 등을 제정했는데, '교남교육회 규칙'의 내용은 다음과 같다.

교남교육회 규칙

제1조 본회는 '교남교육회'라 한다.

제2조 본회는 교남교육을 진흥함을 목적으로 한다.

제3조 위의 목적을 달성하기 위해 다음과 같은 방침을 세운다.

    ① 사범학교를 경성 내에 설립한다.

    ② 지회를 본도 내에 설립하여, 학교를 설립한다.

    ③ 본회와 기타 필요한 서적을 수시로 발간한다.

제4조 본회의 본사무소는 한성부내에 설치하고, 지회 사무소는 본도 내 각 지방에 설치한다.

제5조 본회 회원은 아래와 같은 자격을 갖추어야 한다.

    ① 대한제국 남자로 연령이 만 20세가 된 자.

    ② 교남에서 출생하였거나, 또는 본적이나 거주지가 있는 자.

제6조 본회 임원은 회장 1인, 부회장 1인, 총무 1인, 재무부장 1인, 도서부장 1인, 교육부장 1인, 간사 약간인, 서기 약간인, 회계 2인, 사찰 2인, 학무원 약간인, 편술원 약간인, 평의원 30인으로 한다.

제7조 임원의 임무는 아래와 같다.

    ① 회장은 전회를 총괄 대표한다.

    ② 부회장은 회장을 보좌하고 회장이 유고한 시는 그 사무를 대신

한다.

③ 총무는 회중의 일체 사무를 장악하여 정리한다.

④ 부장은 각기 부내 사무를 장악하여 정리하며, 소관 책임을 지휘 감독한다.

⑤ 간사는 회중 서무와 기타 교섭사항을 담임한다.

⑥ 서기는 일체 서류에 대한 사무를 담임한다.

⑦ 회계는 회중 재정의 출납장부를 작성하여 총회 때마다 보고한다.

⑧ 사찰은 회장의 지위를 승인을 받아 회중 질서를 정숙케 한다.

⑨ 학무원은 교육부의 제반사무를 담당한다.

⑩ 편술원은 도서부의 제반사무를 담당한다.

⑪ 평의원은 회중 중요한 사항을 의결하며 총회에 제출할 의안을 미리 의논한다.

제8조 찬무원은 본도 각 지방관으로 추천하여 정하고 일반 회무를 돕는다.

단, 필요로 인할 시는 회원 자격이 있는 인사라도 추천할 수 있다.

제9조 찬성원은 국내에 유지인사로 영입하여 본회 취지를 협찬한다.

제10조 회비는 입회금, 연회비, 기타 수입금으로 충당한다.

제11조 통상회는 매 계절 초하루 제3 일요일로 정한다.

단, 회무의 필요를 인할 시는 임시총회를 개최할 수 있다.

제12조 평의회는 통상회 전 일주일 내에 개최한다.

단, 필요를 요할 시는 개회할 수 있다.

제13조 본회 목적에 위반하거나 체면을 손상하는 자가 있어, 주의를 주

어도 한결같이 고치지 아니할 때에는 퇴회를 명한다.

부칙

제14조 본회 규칙에 정한 바가 없을 때에는 세칙 또는 총회 결의에 따른다.
제15조 본 규칙을 개정할 필요가 있을 때에는 총회의 출석원 2/3 이상의 가결을 필요로 한다.

세칙

제1조 임원은 통상회에서 추천위원 5인 이내로 선정하여 추천권을 추천하고, 투표권은 일반회원에게 있다.
    단 회장, 부회장, 총무, 각 부장은 피천인중에서 무기명 투표식으로 제한 선거하고 서기, 사찰은 회장이 기피하고 기타 임원은 피천인으로 정한다.
제2조 임원의 임기는 1년으로 정하되 만기 개정할 때는 전회 임원이 재차 피선될 수 있다.
제3조 입회금은 1원으로, 연회비는 50전으로 정하되 입회금은 입회 후 1개월 내로 납부하고, 연회비는 매년 6개월 내에 납입해야 한다.
제4조 매월 1회씩 회보를 간행하되 회원은 구람할 의무가 있다.
제5조 지회 설립은 본회에서 별정한 지회규칙에 따른다.
제6조 회원이 별규 제13조의 행위가 있을 때에는 총회의 의결로 제명하고, 회장이 회중에 선언한다.
제7조 찬무원 및 찬성원은 총회와 평의회에 출석하여 의견을 진술할 수

있다.

제8조 회장 1인 외에는 일반임원이 2개월 이상 임무를 겸임할 수 있다.

제9조 간사, 서기, 회계는 평의원의 결의로 상당한 보수를 지급한다.

부칙

제10조 보세칙을 개정할 필요가 있을 때는 규칙 제14조를 준용한다.

'교남교육회 규칙' 제3조를 보면, 교남교육회의 설립 목적을 달성하기 위해 세가지 구체적인 방침을 세운 것을 알 수 있는 첫째, 교사 양성을 위한 사범학교의 설립이다. 이미 서우西友학회에서는 교사 양성을 위해 서울에 서우사범학교를 설립했는데, 서북협성학교로 개편되는 과정에서 교과과정 정비 등을 통해 교육의 내실화를 도모했으며, 기호흥학회에서도 기호학교를 설립한 바 있었다. 그리하여 교남교육회에서도 다른 학회와 같은 취지로 사범학교를 설립하고자 했으나, 실현되지는 못했다.

둘째, 영남지역 각 군에 '흥학설교' 실현을 위해 지회 설립을 추진했다. 교남교육회는 지회 설립을 통해 '학사學事의 자치自治'를 도모하고 '1면面 1교校' 설립을 목표로 했으며, 구역이 넓은 지방은 2개 학교 이상 설립한다는 방침을 세웠다. 지회 단위로 학교 설립을 추진했음을 알 수 있다.

셋째, 회보와 각종 서적의 간행이었다. 교남교육회의 설립 목적인 '교육진흥'과 '민중계몽'을 위해『교남교육회잡지』뿐만 아니라, 다양한 서적을 간행하고자 했다. '교남교육회 규칙'을 보면 잡지 및 서적 간행

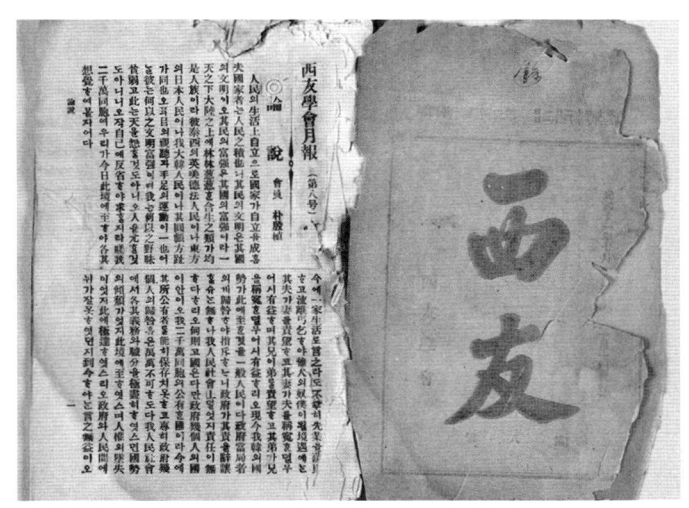

| 서우학회 기관지 「서우」

| 기호흥학회에서 설립한 기호학교

을 위해 도서부를 두고 편술원을 선임한 것이 확인된다.

『교남교육회잡지』는 창립 후 1년 1개월 만에 창간되었으나, 재정 문제로 발간이 잠시 중단되기도 하는 등 어려움을 겪다가 결국 1910년 5월 25일 제12호를 끝으로 종간되었다. 서적 간행 사업 역시 재정 곤란으로 활발하지 못한 것 같다.

주요 활동은 총회·평의회·통상회에서 처리하고, 특별부서로 교육부·도서부를 두어 각종 사업을 추진했다. 또 5개 학회와 연대해 학교설립과 운영, 학회 운영 등에 관한 제반사항을 협의했다.

재정은 회원의 입회금·연회비·기타 수입 등으로 유지되었으나, 대부분 특별기부금에 의존했다. 안희제와 서상일 등 재력 있는 인사들이 있음에도 불구하고 특별기부금에 의존한 이유는, 안희제·이원식·서상일·남형우·김사용·박중화 등의 교남교육회 간부들이 비밀결사단체인 대동청년단을 조직해 본격적으로 활동하고 있었기 때문이다. 그 외에 교남교육회의 재정기반으로는 충북 제천 출신의 이희직이 기부한 전답 20마지기가 있었다. 당시 이희직은 기호학회와 서북학회에도 기금을 기증한 바 있다.

교남교육회는 각종 토론회·강연회·운동회 등을 통해 회원 상호 간의 친목과 교육 발달을 도모했다. 그리고 교남학생친목회·동래부학생친목회·달성친목회 등과도 긴밀한 유대관계를 유지했다.

한편 교남교육회는 학교의 설립과 운영을 직접 지도했는데, 안희제는 남형우·박태훈 등과 교육시찰위원 자격으로 영남 각지를 순회하며 학교설립을 지도했다. 특히 남형우는 대구 달성친목회가 개최한 환영회에서 '교육은 오인吾人의 생명'이라는 주제로 연설하기도 했으며, 동래에서는 각 학교를 순회·시찰하면서 기금 적립과 교육과정의 개량 방침을 역설하기도 했다. 그 결과 각지에 강습소가 설치되었고, 교남교육회 지회 및 부인회 조직을 위한 움직임이 활발하게 전개되었다.

지회 설립의 목적은 지회를 통해 각지에 사립학교 설립을 추진하는 동시에 주민들에게 시세 변화를 일깨워 주기 위함이었다. 지회는 안동군·거제군 두 곳에 설립되었는데, 안동군의 경우 광명학교·동양학교·협동학교가 설립되었고, 예안의 보문의숙, 봉화의 조양학교, 금산의 양성학교·보통학교, 인동의 동락학교, 동래의 양정학교·진명학교, 진주의 신안학교, 김해의 동명학교 설립에도 직·간접적으로 지원했다. 이 외에도 교육 진흥을 위한 각종 계몽활동도 활발하게 전개했다. 계몽활동은 총회·임시총회·통상회·간친회 등을 통해 계몽운동을 전개하는 한편, 각지에 권유위원을 파견하기도 했다.

이와 같이 안희제는 교남교육회 창립 이전부터 구명학교·의신학교·창남학교 등을 설립해 교육구국운동에 매진했으며, 교남교육회에도 적극 참여하여 평의원·교육부 학무원·회계 등을 역임했다.

4
비밀결사 대동청년단을 결성하다

　대동청년단은 1909년 10월경 안희제·서상일·김동삼·남형우 등이 조직한 비밀결사단체이다. 대동청년단은 1920년대 초반까지 활동했으며 1945년까지 존속했다. 철저한 비밀결사로 조직되었기 때문에 조직 경위나 활동지역 등은 명확하게 나타나지 않지만, 부산 동래에서 결성되어 국내 및 만주지역으로 활동범위를 확장한 것으로 보인다.

　대동청년단에 관해서는 안희제와 교유했고, 후술할 백산상회 지배인을 지낸 바 있는 대동청년단 단원 '윤병호尹炳浩 회고'를 통해 단규團規와 단원 명단은 파악할 수 있지만, 구체적인 활동은 명확히 밝혀지지 않고 있다.

대동청년단 단규

1. 단원은 반드시 피로써 맹세한다.
2. 새 단원의 가입은 단원 2명 이상의 추천을 받아야 한다.
3. 단명團名이나 단團에 관한 사항을 문자文字로 표시해서는 아니 된다.

4. 경찰 기타 기관에 체포될 경우, 그 사건은 본인 本人에만 한하고, 다른 단원에게 연루시켜서는 아니 된다.

| 윤병호

단규의 '단명이나 단에 관한 사항을 문자로 표시해서는 아니 된다'는 내용으로 대동청년단이 전형적인 비밀결사단체였음을 확인할 수 있다. 대동청년단은 1920년대 중반 이후 활동이 침체한 것으로 보이지만, 서북지방을 기반으로 한 신민회, 경상도지방의 조선국권회복단·대한광복회, 호서·호남지방의 대한독립의군부 등 여타 비밀결사단체와는 달리 일제 침략시기 전 기간을 통해 조직이 노출되지 않았다는 점이 주목된다.

대동청년단 결성일인 1909년 10월은 이미 일제에 의해 한국병합이 기정사실화된 시점이었다. 1909년 7월 일본 정부는 극비리에 '한국병합 실행에 관한 방침'을 성안하고 병합을 이룰 시기와 기회를 엿보고 있었다. 이러한 상황에서 1909년 10월 26일 한국침략의 원흉인 이토 히로부미 伊藤博文를 처단한 안중근 의사의 하얼빈의거가 일어났다. 이와 같은 시대상황 속에 결성된 대동청년단은 신민회와 더불어 가히 선구적인 독립운동 단체였다.

대동청년단 단원들은 17세부터 30세 미만의 청년 80여 명으로 조직되었다. 영남지역 출신들이 대부분으로 그 외 지역 출신들은 대체로 신민회 계열 인사들이었다. 초대 단장 남형우, 부단장 안희제(2대 단장)를

| 남형우

| 서상일

비롯해 김동삼·신채호·윤세복·신팔균·이극로·곽재기 등이 대동청년단 단원으로 활동했다.

남형우는 경북 고령 출신으로, 30세가 되던 1903년에 상경하여 1908년 보성중학에 입학했다. 그리고 보성전문학교를 졸업한 후 1911~1917년까지 보성전문학교에서 법률학 교수로 재직했다. 그는 보성중학에 입학하면서 교남교육회에 가입해 평의원과 시찰위원으로 활동했으며 1915년에는 '조선국권회복단 대표'로 김응섭金應燮과 함께 상하이로 망명해 1919년 4월 대한민국임시정부 수립에 참여했다. 그리고 1922년에는 친일파 처단과 군자금 모금을 목표로 한 다물단多勿團 활동에도 참여했다.

서상일은 대구 달성학교를 졸업한 후, 1907년 보성전문학교 법학과에 입학해 1909년에 졸업했다. 보성전문학교 재학 중에는 1908년 9월 5일 결성된 달성친목회에 참여했으며, 1909년 10월에는 교남교육회에 가입해 활동했다. 교남교육회에 가입한 시기는 대동청년단이 결성된 때였다. 이후 '신민회 사건'이 발생하자 안희제와 함께 만주로 망명했다.

달성친목회는 대구를 중심으로 경상도지역의 청년지사들이 망라된 단체로서, '조선인 청년의 교육·실업 장려'를 표방했다. 참여인물은 대

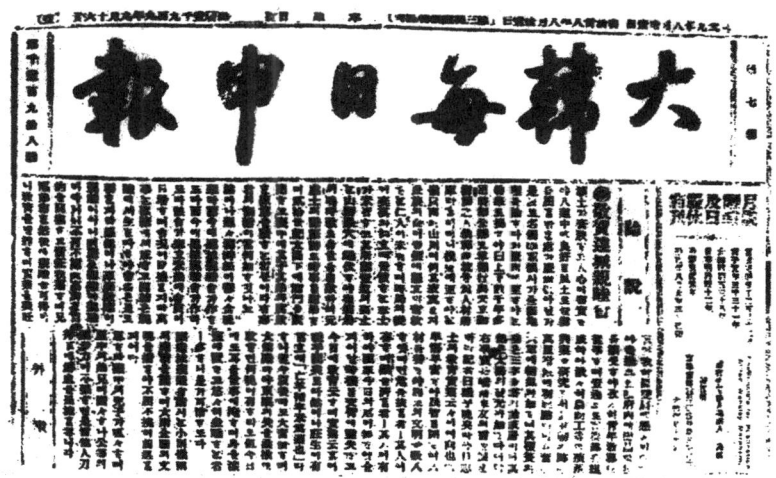

| 『대한매일신보』에 실린 달성친목회 축하논설

부분 달성학교 졸업생이나 서울에서 신식교육을 받고 고향으로 돌아온 청년지식인들로 교육 및 상업 활동에 종사하면서 국권회복운동을 전개했다.

1907년 결성된 신민회가 영남지역에 크게 영향을 끼치지 못한 점을 감안한다면, 대동청년단이 영남지역 인사를 중심으로 조직된 사실은 신민회 계열의 영남지역 인사들이 주축이 되어 항일민족의식을 결집하기 위해 조직한 것으로 생각된다.

대동청년단 단원이면서 신민회에 참여한 인물은 남형우·김동삼·김홍량·박중화·신백우·신채호·이경희·상호 등이 있고, 교남교육회 회원이면서 대동청년단에 참여한 인물은 안희제·남형우·서상일·최병찬·김사용·박중화·이우식 등이 있다. 그리고 보성학교 출신으로 대동

| 김홍량

청년단에 참여한 인물은 남형우·서상일·신백우·신성모·김동삼 등이 있다. 이들은 근대교육을 받은 청년들로 재경 영남 인사들 중에서도 국권회복의 의지가 강한 편이었다.

대동청년단은 결성 이후 단원 수가 꾸준히 늘어갔다. 신민회 사건 당시 일경에 체포되지 않은 차병철·서초·김홍량·김삼·김태희·임현 등이 가입해 활동했으며, 안희제와 서상일이 만주·노령지역에서 권유해 가입한 인물로는 최병찬·윤세복·이시열 등이 있었다. 이들은 대부분 1914년 이전에 가입한 단원들이다.

1913년 이후에는 본격적인 국내활동이 전개되었다. 만주·노령지역을 둘러보고 귀국한 안희제와 서상일은 대동청년단을 국내외 독립운동 진영과 연결시키는 거점으로 삼기로 하고, 본격적인 활동을 시작했다. 1913년 서상일은 달성친목회를 재건하고 태궁상회를 설립해 이를 거점으로 1915년 조선국권회복단을 결성했으며, 안희제는 1914년 부산에 백산상회를 설립했다. 백산상회와 조선국권회복단은 대동청년단에서 중추적인 역할을 담당했다.

대동청년단 단원이면서 조선국권회복단에 가입한 인물은 윤상태·신상태·신성모·박광 등이 있으며, 백산상회 임원으로서 가입한 인물은 윤현진·이호연·윤병호·최완 등이 있다. 그리고 대동청년단 단원 중 후일

〈표 1〉 대동청년단 단원

성명	연령	출신지	출신학교	직업	활동 내용
남형우	36	고령	보성전문	교사	교남교육회, 달성친목회, 조선국권회복단, 조선산직장려계, 신민회, 임시정부 법무차장, 상해국민대표비회, 다물단
안희제	26	의령	양정의숙	상업	교남교육회, 달성친목회, 조선국권회복단, 백산상회 설립, 기미육영회 조직, 자력사 조직, 중외일보사 사장, 발해농장 경영, 대종교
서상일	22	대구	보성전문	상업	교남교육회, 달성친목회, 조선국권회복단, 신조선, 태평양회의 독립청원서 서명, 흑우회, 대구상공협회, 백산상회 주주, 3·1운동
윤현진	17	양산	일본 메이지 대학	교사	백산상회, 경남은행, 3·1운동, 임시정부 초대 재무차장
이호연				상업	해천상회 경영
장건상	26	칠곡	일본 와세다 대학		동제사·극동인민대표대회 한국대표단·코민테른 고려국 고문, 의열단
윤병호	21	남해	보성전문 일본 와세다 대학	상업	조선국권회복단, 백산무역주식회사, 기미육영회, 조선어학회 사건
이수영	22	서울		여관업	의열단, 조선노동공제회 소비조합 전무이사, 경북의용단 사건
이경희	30	대구		부호	신민회, 의열단, 황옥 사건, 신간회 대구지회장
최병찬		의령			보성전문 교수, 성명회, 교남교육회, 『독립순보』 발간(블라디보스토크), 대한인국민회
윤경방		동래			블라디보스토크 망명
차병철		함북			
백광흠		동래			조선노동연맹회 중앙집행위원, 조선공산당

성명	연령	출신지	출신학교	직업	활동 내용
이극로		의령	독일 베를린 대학		기미육영회 파견 독일 유학생, 반제동맹대회 조선대표, 조선어연구회·조선어학회 사건
김갑 (김진원)	19	동래	동명학교		3·1운동, 임시정부 의정원 경상도의원·국무원 차장·교통부 위원, 북경군사통일회, 대종교, 임시정부 법무부 차장·법무총장 대리·노동총판, 한국독립당
박영모	22	합천	서당	제지업	달성친목회, 조선국권회복단 교통부장
윤상태		김해	한학	군수	거제군수, 조선국권회복단, 태궁상회, 향산상회, 일신학교 설립
오상근					3·1운동 기독교계 대표
김사용	29	상주	휘문의숙		상산중학 설립, 교남교육회, 조선국권회복단, 3·1운동, 의열단
서세충	21	서울	한성학교		신흥무관학교 교관, 주비단 사건, 신간회
신백우	22	청원	보성전문	성균관	신민회, 경성청년학우회, 대동청년단, 대종교, 서로군정서, 신흥무관학교, 노동공제회, 화요회, 무산자동맹, 서울청년회, 노동총동맹
박중화		경주			보성학교 교장, 청년학우회, 신민회, 조선국권회복단, 대동청년단, 조선노동공제회
윤세복	26	밀양	한학	교사	밀양 신창학교·대구협성학교 교사, 환인현 동창학교, 홍범도 포수단, 무오독립선언 참여, 흥업단, 대종교 3세 교주
신성모	19	의령	보성전문	선장	기미육영회 파견 영국유학생, 남경 항해대학·런던 항해대학 졸업, 영국 선박 선장, 북경군사통일주비회
신팔균	28	진천	육군 무관학교	군인	강계진위대(대한제국 육군 정위), 진천 이월 청년학교 설립, 무오독립선언 참여, 서로군정서, 신흥무관학교, 통의부

성명	연령	출신지	출신학교	직업	활동 내용
민강	25	청주			소의학교 설립, 대동단, 상하이 교민단의사회 학무위원
최윤동	15	대구	중국 운남 무관학교		임시정부, 서로군정서, 북경군사통일회의, 의열단, 조선은행 대구지점 폭파사건
송전도	19	동래	동경 물리학교		조선광문회, 통주 협화대학 입학, 동제사
김관제	24	대구		교사	동창학교, 일신학교 설립
최완		경주			임시정부 재무부 위원·조사원·의정원 의원
배천택		대구			부민단, 서로군정서, 국민대표회의, 정의부, 민족유일당독립촉성회, 신한독립당, 조선민족혁명당
신상태	21	칠곡	보성전문	상업	조선국권회복단, 신간회 김천지회·중앙집행위원
곽재기	17	청주	경신학교	교사	청주 청남학교 교사, 의열단, 밀양경찰서투탄의거
김홍권		경남			임시정부 재무위원·경상도지방 구급의연금 모집위원
이범영	20	포천			
이병립					
박광		고령			안동현 간성덕 경영, 임시정부 군자금 모금
서초		청주			
김홍량	25	안악	일본 메이지학원, 와세다 대학		태극학회, 대한흥학회, 해서교육총회, 양산학교 설립, 신민회, 안명근 사건, 동아일보 안악지국, 안악고등보통학교 설립, 김농장 건설(모범농촌운동), 경신학교 인수·경영
최인환					임시정부 연통제

성명	연령	출신지	출신학교	직업	활동 내용
김동삼	32	안동	보성전문	교사	신민회, 협동학교, 경학사, 신흥강습소, 부민단, 백서농장, 무오독립선언 참여, 서로군정서, 통군부, 신흥학우단, 정의부, 민족유일당 촉성회
김삼		청주			
고병남					
김규환	20	선천			동창학교·일신학교 설립
김태희	29	청주			청주 청남학교 설립, 임시정부 연통제, 국민회 충북지회 조직, 청주청년회 조직, 조선청년연합회
임현	23	안주			신민회, 임시정부 임시의정원·교통부 교통위원
남백우		청주	보성전문	상업	원산무역주식회사, 북선창고주식회사, 조선청년연합회 중앙집행위원
김기수		순천			천도교, 3·1운동(은산 천도교 교구장)
신채호	30	대덕	한학		황성신문·대한매일신보 주필, 신민회, 대한독립청년단 조직, 임시의정원 전원위원회 의장
이시열	17	정주			동창학교 설립, 한족회 창립, 『한족신보』 주필, 서로군정서, 광한단, 국민부, 조선혁명당
고순흠		제주	제주공립 농업학교		제주해녀조합, 임시정부 포고문·격문 국내배포, 조선노동공제회, 조선인아나키즘연맹(오사카), 조선여공보호연맹(오사카)
이우식	19	의령	일본정칙 영어학교 동양대학 철학과	상업	3·1운동, 백산무역주식회사, 경남은행장, 중외일보, 조선어사전 편찬 비밀후원회 조직, 조선양사원, 조선어학회 사건
이학수					

성명	연령	출신지	출신학교	직업	활동 내용
김용환	26	창원			3·1운동
이형재					

※ 연령은 대동청년단 결성 시점인 1909년 당시 나이이다.
※ 출전 : 국가보훈처, 『독립유공자공훈록』 1 외.

백산상회에 참여하는 인물은 서상일·윤현진·이호연·윤병호·이수영·윤상태·최완·이우식 등이 있다. 그 외 1919년 조직된 기미육영회가 파견한 유학생인 이극로와 신성모는 1920년대에 가입한 것으로 보인다.

1919년 4월 13일 상하이에서 대한민국임시정부가 수립되자 남형우는 초대 법무차장, 윤현진은 초대 재무차장으로 참여했고, 최완은 내무부에서 활동했다. 이렇듯 대동청년단 단원들은 대부분 신민회·교남교육회·달성친목회·조선국권회복단·백산상회 등 계몽운동이나 국권회복운동 단체에서 활동했으며, 근대교육을 받은 청년지사들과 선각적 의식을 갖고 식민지 현실 타파에 참여한 지식인들이었다.

1910년대에는 대동청년단 단원 중 일부가 망명해 국외 항일독립운동에 합류했으나, 대부분의 단원들은 국내에서 활동했다. 1919년 3·1운동 이후에는 대한민국임시정부·만주지역 독립군 단체와 의열단 등에도 참여해 활동했다. 이들 중 일부는 사회주의사상을 수용해 1919년 7월 조선노동문제연구회를 조직했고, 1920년에는 조선노동공제회에 참여하기도 했다.

대동청년단의 독립운동 방략은 국내 비밀결사 활동에 역점을 두고, 인재 양성과 독립운동자금 조달, 국내외 독립운동 세력과 연락망 구축에 주력했다. 기미육영회와 백산상회 등과 연계해 활동을 전개하던 중 일부 단원이 소위 '불령사건不逞事件'에 연루되는 일도 있었으나, 1945년 광복 때까지 명맥을 이어갔다.

한편 1910년대 부산·경남지역 비밀결사 활동 계층은 크게 학생층과 자본가층으로 구분할 수 있다. 학생 비밀결사로는 1910년 경술국치 때 부산상업학교 학생 변상태卞相泰·최기택崔基澤·성학연成學年 등 6인이 결성한 대붕회大鵬會와 1915년 부산상업학교 재학생 오택吳澤과 박재혁朴載赫·박흥규朴興奎·김인태金仁泰 등 10여 명이 결성한 '구세단救世團'이라는 조직이 있다. 후일 의열단 단장으로 활동하는 김원봉金元鳳도 구세단에 가입해 선전활동을 맡았고, 출판은 박흥규, 재정은 김인태와 오택이 담당했다고 한다. 이들은 월간잡지를 발간하고 경남 각지의 동지들을 규합해 수양 강좌와 실천 운동을 전개했다. 그러나 6개월 만에 일본경찰에 발각되어 검거되고 말았다.

자본가층이 중심이 된 비밀결사 활동은 경북·경남지역의 연대조직에 부산지역 인사들이 참여하는 형태였다. 부산지역에서 대동청년단 활동에 참여한 인물은 동래·양산·마산·창원·의령·청도 등 인근지역의 지주들로, 부산이 상업 중심지로 성장하자 1910년대 중후반 이후 무역업 분야로 진출했다. 특히 백산무역주식회사에 다수가 참여했는데, 백산무역주식회사 주주 모집시 대동청년단 인맥을 활용했을 정도로 백산무역주식회사는 대동청년단의 활동거점으로 큰 역할을 했다.

이외 부산지역 자본가층이 참여한 또 다른 비밀결사로는 1915년 결성된 조선국권회복단이 있다. 이 단체는 대구·경북지역 인물이 중심을

| 조선국권회복단 결성장소(대구 안일암)

이루었고, 여기에 일부 경남지역 인사들이 참여했다. 50여 명의 단원을 출신지별로 살펴보면 대구 18명, 성주 3명, 고령 2명, 경주 2명, 청도 3명, 왜관 1명 등이다. 이후 조직이 확대되면서 밀양·동래 등지의 인물과도 관계를 맺은 것으로 보인다. 부산지역에서 활동하던 대동청년단 관련 인물 중에서 조선국권회복단과 연계해 활동한 사람으로는 이조원(동래)·정인찬(동래), 윤현태(양산), 안희제(의령), 최태욱(청도)·최태석(청도), 손영순(밀양) 등이 확인된다.

1910년대 대동청년단 단원들은 대부분 국내에서 활동했으나, 1919년 3·1운동을 계기로 국외로 망명해 상하이 대한민국임시정부나 만주지역 독립운동단체에서 중요한 역할을 수행했다. 또 1920년대 의열단

〈표 2〉 부산·경남지역 대동청년단 단원 명단

성명(연령)	출신지	경제활동	관련 독립운동단체 및 활동
안희제(25)	의령	백산상회·조선주조주식회사	교남교육회, 기미육영회, 부산예월회
윤병호(21)	남해	백산상회	기미육영회
윤현진(17)	양산		임시정부 재무차장
김갑(19)	부산	고려상회	임시의정원 경상도 대표위원
윤상태	김해	향산상회·백산상회	
이우식(19)	의령	백산상회·경남은행	교남교육회, 조선어학회 사건
최완	경주	백산무역주식회사	임시정부 재무위원
이극로	의령	기미육영회 파견 유학생	반제동맹대회 조선대표 조선어학회 사건
송전도(19)	동래		중국 망명(1914), 동제사
백광흠	동래		조선노동연맹, 조선공산당
신성모(19)	의령	기미육영회 파견 유학생	중국 망명(1913), 북경군사통일주비회

※연령은 1909년 대동청년단 결성 당시의 나이이다.

단원으로 의열투쟁에 투신하거나, 국내에서 사회주의운동을 주도한 인물도 있었다.

  이들 중 박중화는 조선노동공제회 회장으로 활동하면서 대동청년단과 조선국권회복단에서 같이 활동하던 안확·이형제·박영모·김사용·이수영·남백우·고순흠·오상근·최완·백광흠 등과 함께 초기 사회주의운동 과정에서 중요한 역할을 했다. 이는 대동청년단 단원들이 1920년대 이후에도 서로 연계해 국권회복운동을 전개했음을 보여준다.

〈표 3〉 대동청년단 단원이 설립한 학교 현황

학교명	설립자	설립연도	설립지역	교육과정	비고
산동학교	신채호	1904	청주	소학교	신백우
구명학교	윤상은	1906	동래	소학교	안희제·김사용·정운기
협동학교	김동삼	1907	안동	소학교	유인식
의신학교	안희제	1907	의령	소학교	
상산중학	상주유림	1907	상주	중학교	김사용·조필연
창남학교	안희제	1908	의령	소학교	
양산학교	김홍량	1909	안악	중학교	신민회
일신학교	윤상태	1911	고령	소학교	
동창학교	윤세복 등	1911	만주	소학교	김관제·이시열
흥동학교	김규환	1915	만주	소학교	김광제·이시열
덕산학교	윤상태	1920	달성	소학교	
교남학교	홍주일 등	1921	대구	중학교	김영서·정운일
발해 보통학교	안희제	1936	만주	소학교	

〈표 3〉에는 대동청년단이 결성되기 이전에 설립된 두 개의 학교도 포함되어 있다. 이들 학교 중에서 김동삼의 협동학교, 안희제의 의신학교·창남학교·발해보통학교, 윤상은의 구포구명학교, 김홍량의 양산학교, 상주유림이 설립한 상산중학 등이 특히 주목된다.

일제의 한국 강점이 점점 구체화되고 국운이 기울어 가자, 교육구국운동의 중요성과 필요성을 절감하게 되었다. 그리하여 비밀결사단체 활동을 통한 국권회복운동과 더불어 근대학교를 설립해 자주독립 사상을 고취하고 민족교육을 강화하고자 했다.

5 독립운동 자금 조달을 위해 백산상회를 설립하다

　1910년 일제의 한국 강점으로 국내에서의 독립운동이 어렵게 되자 안희제는 이듬해 중국으로 망명해 북간도와 연해주를 거쳐 러시아 각지를 둘러보고, 블라디보스토크에 정착했다. 그는 신채호·김동삼·이동휘·안창호·이갑 등 독립운동 지도자들을 만나 국권회복을 위한 방략을 논의했으며, 같은 고향 출신 동지인 최병찬崔秉瓚과 『독립순보獨立旬報』를 간행하기도 했다. 그러나 아쉽게도 『독립순보』는 전해지지 않는다.

　3년 여에 걸쳐 중국과 러시아 망명생활을 한 후 안희제는 1914년 9월 귀국했다. 1차 망명기간인 1911년부터 1914년 동안 중국에서는 신해혁명辛亥革命(1911)이 일어났으며, 1914년에는 제1차 세계대전이 발발했다. 이에 독립운동가들은 신해혁명을 통해 큰 자극을 받았고, 제1차 세계대전으로 국제정세가 급변하자 국외의 독립운동가들은 이를 '조국광복의 기회'로 삼고자 했다.

　급변하는 국제정세와 함께 국외 독립운동 지도자들은 국내와 연락이 요구되었다. 국외에서 항일투쟁과 독립운동기지 건설을 위해서는 국내의 비밀연락망 구축과 독립운동 자금 조달이 절실했기 때문이다.

안희제는 국외 독립운동 지도자들과 독립운동 방략을 협의한 결과, 국내에 독립운동기지를 구축하고, 이를 발판으로 국외에 있는 독립운동 단체에 독립운동 자금을 조달한다는 '가장 절실하고 어려운' 역할을 맡기로 했다.

안희제는 모스크바에서 한국으로 돌아가는 귀국길에 상하이에 들러 대한민국임시정부 요인들을 만났다. 이때 김구 주석은 안희제에게 국내 정세에 대해 물었다. 안희제는 "국내의 기강은 해이하고 변절자가 많아 믿을 수 있는 사람이 없으며, 애국 사상이 있다는 사람도 『정감록鄭鑑錄』의 '양백지간兩白之間에 가활만인可活萬人'만 안일하게 찾고 앉았다"고 대답하며 "세인구구양백지간世人口口兩白之間(세상 사람들이 말끝마다 양백지간 운운한다)"이라고 하자, 김구는 안희제의 손을 잡으며 "차시양백오등양인此是兩白吾等兩人(양백지간은 바로 우리 둘이다)"라고 하면서 "백범의 '백白'과 백산의 '백白'을 합하면 '양백兩白'이니 우리 두 사람이 장차 이 나라와 이 민족을 구하자"고 말했다.

1914년 귀국한 안희제는 고향인 의령에서 1915년까지 제지업에 종사하다가 고향의 전답 2,000마지기를 팔아 자본금을 마련하고, 부산지역의 상업인 이유석李有石·추한식秋翰植 등을 영입해 1916년경 백산상회를 설립했다. 상회의 명칭은 그의 호 '백산白山'에서 따온 것이었다. 백산상회의 설립 목적은 국외에서 전개되는 독립운동을 지원하기 위한 국내 연락망과 독립운동 자금 조달을 위한 '독립운동기지'로 삼기 위함이었다.

백산상회는 설립 초기에는 주로 곡물·면포·해산물 등을 판매하는

| 백산상회

소규모 개인상회였으나, 1917년 경기호황에 힘입어 합자회사로 전환했다.

합자회사 백산상회 '광고'를 보면, 주요 영업 내용은 해산물과 육산물 구매 및 위탁판매였으며, 회사의 소재지는 부산부 본정 삼정목(현재 부산광역시 중구 동광동 3가 10-2)이었다. 그리고 본사 대표 윤현태와 안희제·최준은 무한책임사원이었다.

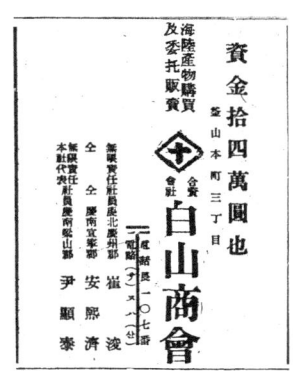

| 합자회사 백산상회 광고

백산상회는 1918년 안희제·최준崔俊·윤현태尹顯泰·최완崔浣·김용조金容祚·정순모鄭舜模·성태영成泰永·이정화李楨和·유덕섭柳德燮·안담安湛·허걸許杰 등 11명이 출연한 자본금 14만 원을 기반으로 하고, 여기에 3만 5천 원을 불입했다.

| 안희제 사용인장

1918년 11월 안희제·윤현태·최준 등은 주식회사 설립허가를 신청했다. 이후 1919년 1월 14일 설립인가를 받자, 2월 17일 발기인 총회를 거쳐 1919년 5월 '백산무역주식회사'를 설립했다.

백산무역주식회사의 발기인은 안희제·최준·윤현태 3인이고, 자본금은 100만 원이었다. 1919년 5월 28일에는 제1회 주주총회를 개최했는데, 출석 주주는 40인이었다. 출석 주주 40인의 명단을 파악하기는 어려우나 항일 성향을 지닌 영남지역 자산가들이 대다수 망라되었다.

제1회 주주총회에서 선임된 임원진은 취체역 : 윤현태·최준·조동옥趙東玉·안희제·정재원鄭載源·이종화李鐘和·윤병호·허걸·이우석李愚奭, 감사역 : 윤상은·문영빈文永斌·김상익金相翊 등이었다. 1919년 6월 9일에는 중역회의를 개최해 임원을 선거했는데, 사장 : 최준, 전무 취체역 : 윤현태, 취체역 : 안희제·조동옥·정재원·이종화·윤병호·허걸·이우석, 감사역 : 문영빈·김상원이 선출되었다.

〈표 4〉의 주주 명단을 통해 합자회사 백산상회가 백산무역주식회사로 확대 개편되는 과정에서 영남 대지주 자본의 적극적인 참여가 있었음을 알 수 있다.

한편 조선국권회복단 관련 재판기록에 백산무역주식회사 중역 및 주주들 대다수가 조사를 받은 기록이 있는데, 안희제는 1919년 8월 5일 부산지방법원에서 증인신문을 받았다. 안희제 등 백산상회 관계자 대다수는 조선국권회복단 단원으로 활동하면서 독립운동 자금을 조달한 것

〈표 4〉 백산무역주식회사 주주 명단(1919년 6월)

성 명	주 수	주 소
최준	2,000주	경북 경주군 경주면 교리 69
안희제	2,000주	부산부 초량동 659
윤현태	2,000주	경남 양산군 양산면 북부동 358
이종화	1,500주	경남 울산군 하상면 동리 729
윤상태	1,000주	경북 달성군 월배면 상인리 909
안익상	1,000주	경남 의령군 부림면 입산리 37
최선호	1,000주	경남 산청군 단성면 남사리 38
조동옥	1,000주	경남 함안군 함안면 봉성리 804
허걸	700주	경남 동래군 구포면 화명리 1134
김홍석	700주	경남 의령군 의령면 서동 349
이우석	700주	경북 선산군 선산면 완전동 134
이우식	600주	경남 의령군 의령면 동동 1053
윤병호	500주	경남 남해군 운천면 문의리 86
김용조	500주	경남 동래군 동래면 원리 923
정재완	500주	경남 하동군 금양면 대치리 658
김상원	500주	경남 하동군 하동면 읍내리 847
권오봉	500주	경남 창원군 진전면 오서리 554
김재필	500주	경남 동래군 철마면 매곡리 25
김기태	500주	경남 진주군 내동면 독산리 598
이현보	500주	경남 거창군 거창면 하동 172
문영빈	500주	경남 하동군 북천면 직전리 1191
주기원	500주	경남 창원군 태면 서북부리 511
남형우	300주	경성부 가회동 125
강정희	100주	경남 의령군 의령면 무전리 925
정재원	100주	충남 천안군 천안면 읍내리 100

성 명	주 수	주 소
허만정	100주	경남 진주군 지수면 승내리 355
윤상은	50주	부산부 영주동 26의 1
김시구	50주	부산부 매립신정 33
지영진	50주	부산부 본정 사정목 일광상회
최태욱	30주	부산부 본정 사정목 11
홍종희	10주	함남 문천군 군내면 옥평리 58
전석준	10주	경남 양산군 양산면 중부동 289

※ 출전 : 국사편찬위원회, 『한민족독립운동사자료집』 8 ; 이동언, 「백산 안희제 연구」, 『한국독립운동사연구』 제8집, 독립기념관 한국독립운동사연구소, 1994.

으로 보인다. 그리하여 '조선국권회복단 사건(일명 안일암安逸庵 사건)' 이후, 일본 경찰은 백산상회를 지목하고 감시했다. 일본 경찰은 관련자 신문에서 백산상회가 남형우에게 수만 원의 독립운동자금을 건네주고 상하이 대한민국임시정부로 파견한 사실이 있는지 지속적으로 추궁하고 있다. 남형우는 백산상회에 '상업 견습'을 위해 온 것으로 위장하고, 부산부 영주동瀛州洞 대성여관大成旅館에 투숙해 조선국권회복단 부산지역 연락망을 구축했다.

1919년 7월 1일 백산무역주식회사는 영업을 개시했다. 그런데 『매일신보每日申報』 '광고'를 보면, 발기인 총회를 개최한 1919년 2월 17일부터는 '무역상 백산회사'라고 쓰고 있고, 1919년 3월 4일자 광무황제 국장國葬을 애도하는 '봉도奉悼광고'에는 '백산주식회사' 명의를 사용하고 있다. 이를 보면, 1919년 2월말 경 백산무역주식회사가 발기인 총회를 거치면서 체계적으로 운영되었음을 알 수 있다.

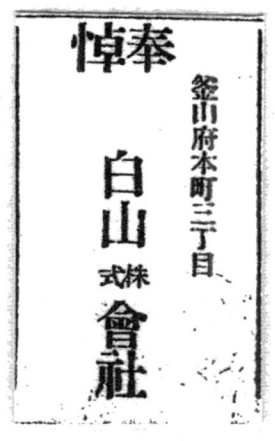
백산주식회사 광무황제 국장을 애도한 '봉도(奉悼)광고'

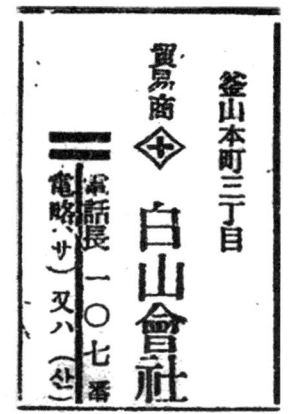
백산무역회사 광고(『매일신보』 1919. 2. 17) 백산상회를 확대 개편하여 1919년 1월 14일 백산무역주식회사 설립인가를 받았다.

 또한 『매일신보』 부산상업 안내란에 1919년 2월 17일부터 11월 30일까지 계속해서 백산무역주식회사 광고가 게재되었는데, 1920년부터는 광고가 게재되지 않는다. 이로 보아 1919년 1월 14일 설립인가를 받아, 그 해 연말까지 활발하게 영업을 한 것으로 보인다.

 참고로 백산무역주식회사가 설립인가를 받은 1919년 1월부터 같은 해 7월경까지 조선총독부 허가를 받아 설립된 회사는 23개이고, 자본금 총액은 900만 원에 달했다.

 1919년 7월 1일 백산무역주식회사가 영업을 개시한 직후인 그 해 8월, 안희제는 조선주조주식회사를 설립해 1930년대 초반까지 운영했다. 자본금은 10만 원이었으며, 본점 소재지는 부산부 수정정水晶町이었다.

 또한 백산무역주식회사는 1916년에 설립된 부산지역의 대표적인 한

〈표 5〉 백산무역주식회사 인가 당시 설립 허가된 주식회사(1919년 1월~7월)

상호	자본금	본점 소재지	신청자
조선제철*	2만 원	전라북도	田中光政
백산무역	100만 원	부산	최준
충청흥업*	2만 원	충청북도	조중응
조선인삼*	2만 원	경성	조병만
부토제과*	25만 원	경성	일뢰실
충북식산*	10만 원	충청북도	정운필
조선상사	50만 원	경성	고윤묵
함북사	2만 원	함경북도	최원섭
제주물산	2만 원	목포	현기봉
대동무역	50만 원	대구	정재학
목포창고	3만 원	목포	현기봉
군산흥농*	10만 원	군산	杉本市五郎
조선주조	10만 원	부산	안희제
강경수산*	5만 원	충청남도	吉田梅太郎
조선소주*	50만 원	평양	齊藤久太郎
동양흥산*	2만 원	경성	이희재
경성방직	100만 원	경성	박영효
신의주무역	50만 원	신의주	多田榮吉
남선무역	3만 원	전라남도	이석래
진천산업	5만 원	충청북도	이준홍

* 표시는 일본인과 한국인 합자회사임.
※ 출전 : 『매일신보』 1919년 8월 1일자 ; 이동언, 「백산 안희제 연구」, 『한국독립운동사연구』 제8집, 독립기념관 한국독립운동사연구소, 1994.

국인 경영 공장인 경남인쇄주식회사에도 참여했다. 이 회사의 주식 보유 현황은 백산무역주식회사 117주, 백산상회 91주였고, 이들과 함께 백산무역주식회사 주주인 허걸·전석준·윤현태·김용조 등이 대주주였다. 이처럼 합자회사 백산상회와 백산무역주식회사가 법인 자격으로 경남인쇄주식회사의 설립을 주도한 점이 눈에 띈다. 백산상회와 백산무역주식회사가 인쇄회사에 관심을 보인 이는 백산상회 운영을 주도하는 안희제·최준·윤현태 등이 문화운동에 적극 참여하면서 인쇄공장의 필요성을 인식하고 경남인쇄주식회사를 설립한 것으로 보인다. 이처럼 활발하게 활동을 하던 안희제에 대해 1919년 8월 14일자 신문기사에서는 "부산 실업계를 이만큼 이루어 놓은 것은 경남은행의 지배인 문상우 씨와 백산상회 취체역 안희제 씨의 진력에 빚진바 많다"고 평가했다.

1920년 9월에는 백산무역주식회사의 임원을 개선했다. 사장에 최준, 전무 취체역에 최태욱崔泰旭, 취체역에 김기태金琪邰·이우식李祐植, 감사역에 박해○朴海○·장진달張鎭達·김종엽金鐘華 등이 선출되었는데, 안희제의 이름은 보이지 않는다. 1921년에 간행된 『조선은행회사요록朝鮮銀行會社要錄』에 나타나는 백산무역주식회사의 경영진 및 주주의 구성은 다음과 같다.

〈경영진〉
취체역 사장 : 최준
상무 취체역 : 최태욱
취체역 : 윤현태·안희제·강복순

지배인 : 최준

감사역 : 전석준·김시구

〈주주 구성〉

총주 수 : 20,000주

총주주 수 : 182명

대주주 : 400주 이상

안희제 : 2,560주, 최준 : 1,800주, 안익상 : 580주, 정상환 : 640주,

이우석 : 600주, 이종화 : 560주, 허걸 : 550주, 정재완 : 500주,

정재원 : 500주, 윤현태 : 400주,

그 외 군소 주주 : 172명, 11,040주

사장 최준은 경주의 대지주로서, 고려요업주식회사·대동무역회사를 설립해 운영했고, 경남은행과 경성방직 주주였으며, 『동아일보』 창립 발기에도 참여했다.

취체역 윤현태는 부친이 동래부사 겸 감리와 경상우도관찰사를 지낸 구포의 대지주 윤필은尹弼殷(윤상은의 형)이었으며, 조부는 동래부사와 사천군수를 지낸 윤홍석尹洪錫이었다. 윤현태는 경상합동은행의 감사역을 역임했으며, 『동아일보』 창립 발기인 중 한 사람이기도 하다. 그는 1919년 일금상회一金商會를 경영하면서, 1920년 초 고향인 양산에서 주식회사 의춘상행宜春商行을 경영했다. 또한 그의 친동생 윤현진은 일본 유학을 마치고 귀국한 후 대동청년단에 가입해 안희제와 함께 활동했고, 1919년 4월 상하이에서 대한민국임시정부가 수립되자 초대 내무차장으로 참여했다.

취체역 강복순은 진주의 대지주로 협성상회 사장, 경남은행 취체역을 역임한 실업가이다.

윤상은은 1887년 구포에서 태어나 동래부사·경상우도관찰사·비서승 등의 관직을 지냈으며, 한말 철도 건설에 기여한 박기종(朴琪淙)의 사위이자 취체역 윤현태의 숙부이다. 1912년 6월에는 최초의 지방은행인 구포은행을 창설했으며, 조선철도주식회사와 경성방직주식회사 등 민족기업 설립에도 참여했다. 그는 안희제와 함께 구포 구명학교를 설립하고 구포저축주식회사(구포은행 전신)에서도 같이 활동했으며, 백산상회의 설립과 운영에도 크게 기여했다.

| 윤상은

감사역 전석준은 울산의 대지주 엄주원(嚴柱元)의 매부로 엄주원의 재력을 배경으로 구포은행 취체역을 지냈다.

주주 구성을 보면 안희제가 2,560주로 최대 주주였으나, 1,800주를 소유한 최준을 취체역 사장으로 선임했다. 그 이유는 안희제는 백산무역주식회사의 경영보다도 독립운동 자금 조달과 국내외 독립운동의 연락 담당 임무를 수행하기 위한 것으로 보인다. 이 외에 백산무역주식회사 중역 및 주주들 대다수는 영남지방 지주였는데, 이들이 백산무역주식회사와 관계를 맺게 된 데는 윤상은의 역할이 컸다.

1921년 8월 백산무역주식회사가 자금난으로 경영위기에 봉착하자, 사장 최준은 자신의 재산 대부분을 담보로 맡기고 식산은행에서 자금을

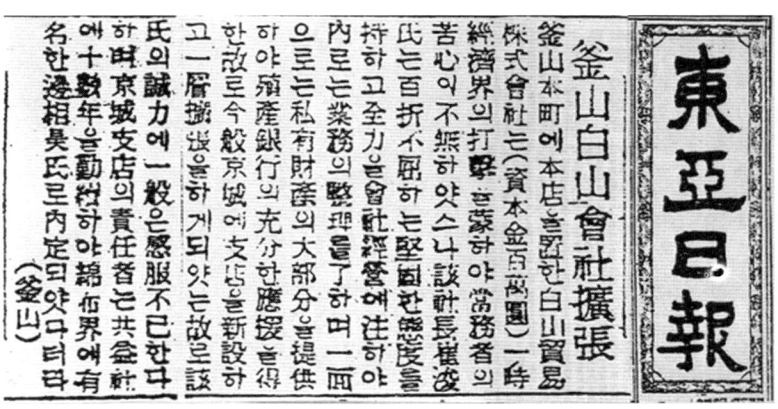

| 백산무역주식회사 확장 보도기사(『동아일보』 1921. 8. 17)

대출받아 전력을 다했으며 서울에도 지점을 개설했다. 서울 지점의 책임자는 면포업계에서 유명한 변상호邊相昊였다. 또한 이 무렵 임원 이동이 있었는데, 일본인이 등장하는 점이 주목된다. 임원 이동의 내용은 지배인 최순이 상무 취체역으로 승진하고, 조선은행에 근무하던 일본인 진우여길眞禹與吉이 신임 지배인으로 등장했다. 이는 백산무역주식회사가 영남지역 대지주 자본의 적극적인 참여로 부산에서 최대 규모의 회사로 성장해 신용이나 거래 측면에서 일본인 회사를 능가하고 독립운동 자금을 지원하는 등 민족기업으로 발전해가자 일본이 일본인을 침투시켜 회사 경영에 관여하는 동시에 탄압을 가하기 위한 의도로 이해된다.

1925년 7월 31일 제6차 정기총회에서는 취체역 및 감사역의 임기가 만료됨에 따라, 취체역에 최준·최순崔淳·문상우文尙宇·이우진李愚震·김효석金孝錫, 감사역에 문영빈이 새로 선출되었다. 그런데 이 회의에서 주주와 중역들 사이의 알력이 표출되는 일이 발생했다. 그리하여 일반 주주들은

7년 전에 창립된 합자회사 백산상회 당시의 부채 문제와, 사장 최씨 형제 문제 등을 내세워 4명의 검사역이 장부조사를 실시해 중역들을 상대로 고소를 제기하기로 했다. 이후 주주와 중역들 사이의 알력은 더욱 확대되어 9월 12일에는 감사역 문영빈이 취체역 최준·최순·안희제·윤병호·최태욱을 '사기횡령죄'로 부산지방법원에 고소했다. 고소 내용은 최준 등 5인이 회사 재직 중에 96,170여 원을 횡령했다는 것이었다.

9월 19일에는 지창규(池昌奎)·이우식·서상일 등이 주주대표 명의로 최준·최순·안희제·윤병호·최태욱·문영빈·윤현태 등 중역들을 부산지방법원 검사국에 고소해 사건은 점점 확대되었다. 이에 백산무역주식회사는 9월 22일 오전 12시에 영주동 대륙여관에서 임시주주총회를 개최했는데, 임시주주총회 소집자와 중역들 간의 의견이 대립되자 일부는 자리를 떠났다. 그러나 중역 측 주주들은 의사를 계속 진행해 다음의 2가지 사항을 결의했다. ① 중역불신임은 자발적 사임으로 토의치 말 것, ② 주주권리 문제는 법률이 발동되었으므로 그 결정을 기다릴 것 등이다. 이어서 같은 날 오후 5시에는 중역 측이 백산무역주식회사에서 임시주주총회를 개최하고 다음과 같이 결의했다. ① 중역을 새로 선출했는데 취체역으로 이우진·문영빈·조유환·김효석·윤현태, 검사역으로 김영택이 당선되었고, ② 정관 10조에 주식의 매매는 주주 간에만 행한다는 것은 삭제할 것, ③ 손익보고는 검사역이 새로 선출되었으므로 다음 임시총회까지 유보하기로 함 등이다.

백산무역주식회사는 제3회 불입 기한을 넘긴 주주들을 전부 실권처리하고 여지없이 바로 재산집행을 감행했다. 이에 실권처분을 받게 된

| 백산무역주식회사에서 사장 최준에게 보낸 대차대조표

주주 측에서는 그러한 회사에 더 이상 불입할 수 없다며 대구에서 실권주주총회를 개최했다. 실권 주주들은 법률상 주금을 불입하지 않은 것은 물론, 임의 불입된 주금도 찾을 수 있다고 하자 대부분 변호사 김완섭(金完燮)에게 사건을 의뢰했다. 먼저 윤상태 외 1인의 재판이 진행되었는데, 1·2심에서 패소하자 다시 경성고등법원에 상고했다. 그 결과 10월 2일 고등법원은 원심을 파기하고 주금을 불입하지 않아도 좋다는 실권주주 측의 승소를 언도했다. 상고심 공판에서 실권주주 측이 승소한 것은 당시로서는 보기 드문 판례였다. 실권주주 측의 승소는 백산무역주식회사 정관 제10조에 주권은 '주주 상호 간에 의하여 매매 증여 또는 저당의 목적으로 득함'이라는 조문에 의한 것으로, 이번 실권처분의 소송을 제기한 취체역 대표 최순이 자기 형인 최준의 주식 100주을 양수해 주주가 되고, 또 취체역까지 되자 정관 위반으로 이루어진 것이었다.

1925년 10월 20일 백산무역주식회사 임시 주주총회에 출석한 주주 30여 명은 모두 경상남북도 출신 청년재산가들로, 정관 제10조, 즉 '주권의 처분은 주주 간에만 행한다'는 내용을 삭제하자는 토의를 시작했다. 그런데 돌연히 회의를 진행하던 의장 이우진의 자격 문제가 제기되었다. 그 결과 전 임시총회 부인과 임원 불신임안이 상정되어 두 안이 모두 가결되었고 장부인계를 전 중역에게 요구하기에 이르렀다. 이후 4명의 새로운 중역으로 이우식·최태욱·윤병호·안희제를 선출하고 이 문제를 수습했다. 이렇게 내부 분열을 겪던 백산무역주식회사는 1928년 1월 29일 결국 해산하고 말았다.

1914년 백산상회로 출발해 1918년 합자회사로 개편한 후 1919년 자본금 100만 원 규모의 주식회사로 발전한 백산무역주식회사는 독립운동 자금 조달을 위한 국내 독립운동기지로 삼기 위해 영남지역 지주들이 다수 참여해 조직한 대규모의 무역회사였다.

안희제는 2,560주를 소유한 최대주주였다. 그러나 최준을 취체역 사장으로 선출한 이유는 회사의 경영보다는 국내외 독립운동가에게 독립운동 자금을 지원하는 데 전력을 다하기 위해서였다. 한편 독립운동 자금 지원은 회사의 수지 상태와 상관없이 지속적으로 지원했기 때문에 백산무역주식회사는 결손을 거듭했다. 그럼에도 불구하고 주주들은 1921년에 한 차례, 1923년에 두 차례나 자금을 불입해 줌으로써 회사의 재정 위기를 막아주었다. 독립운동 자금 전달은 장부상 거래 형식을 취했기 때문에 일본 경찰에 발각되지 않았다.

백산무역주식회사는 국내에 서울·대구·원산·인천 등 18개소, 중국에 안동·봉천·길림 등 3개소에 국외 지점 및 연락사무소를 설치했다. 그 중 대구 연락사무소는 태궁상점太弓商店을 경영하는 서상일이 맡았고, 서울 연락사무소는 미곡상 이수영이, 봉천 연락사무소는 해천양행海天洋行을 경영하는 이해천이 담당했다. 이들 지점 및 연락사무소는 영업 활

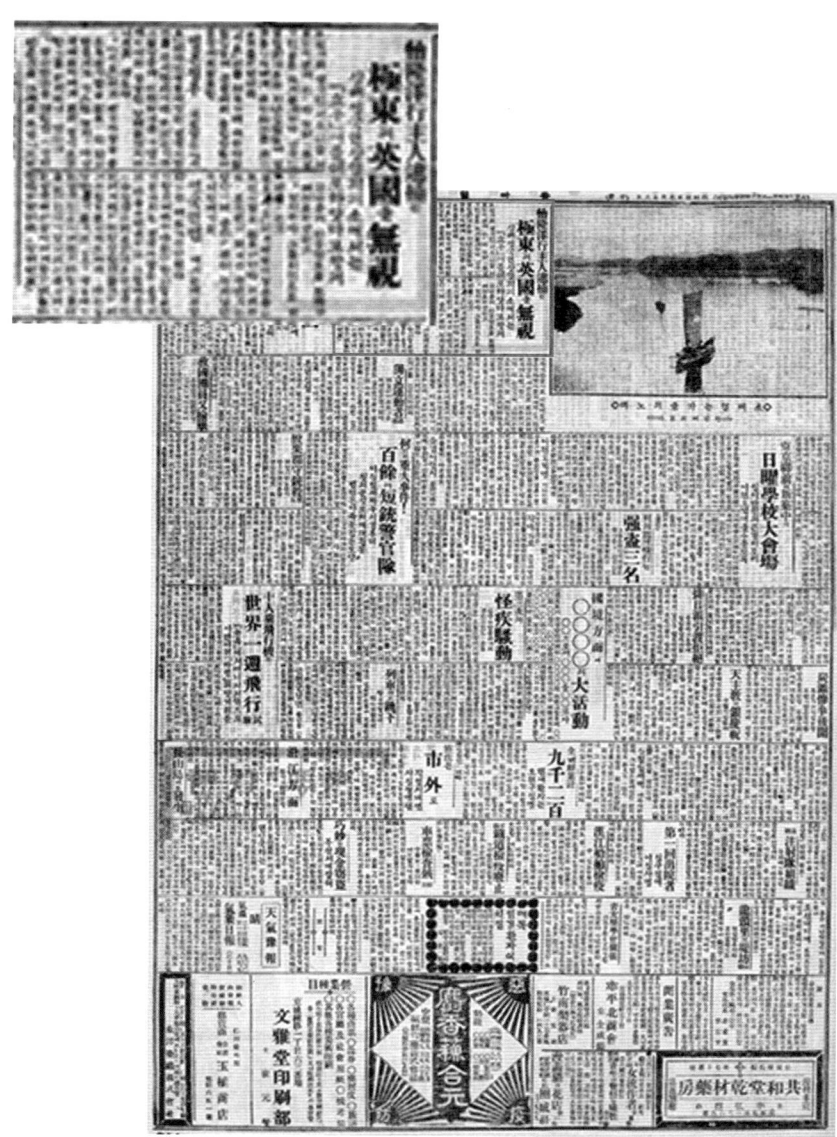

| 이륭양행 사장 G. L. 쇼 체도 항의 보도기사 (『동아일보』 1920. 8. 21)

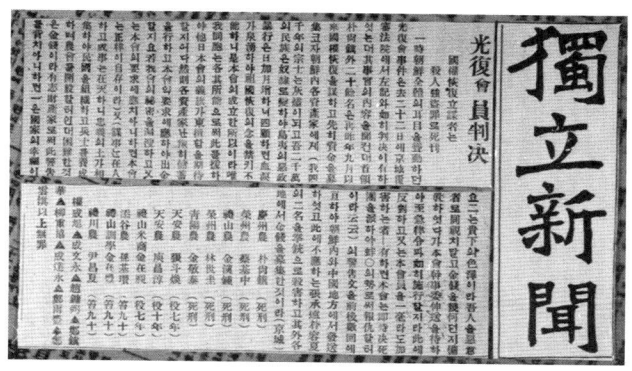

| 『독립신문』

동지역의 확대뿐만 아니라 독립운동을 위한 연락과 독립운동 자금 전달을 담당했다.

1920년대 초 대한민국임시정부는 연통제, 교통국, 지방선전부 등을 설치해 국내와 연계해서 활동했다. 이를 위해 상하이에서는 특파원·통신원·공채모집위원·선전원 등 다양한 이름으로 국내에 인원을 파견했다. 임시정부와 국내 독립운동을 연결하는 고리 역할을 담당했던 특파원은 1919년 7월부터 1920년 초까지 국내로 파견된 수만 50명이 넘는다. 당시 상하이와 국내의 교통편 등을 감안할 때, 특파원의 활동이 얼마나 활발했는지 짐작할 수 있다. 임시정부의 정보요원인 특파원의 활동은 다양했다. 국내로 잠입해 임시정부 지원단체를 결성하고, 독립운동 자금을 모금해 임시정부로 송금하거나 임시정부 선전활동을 전개했다.

연통제는 국내외 촌읍까지 임시정부가 의도하는 바를 소통하게 하는 교통로로 각 군에는 교통국을 각 면에는 교통소를 설치하고 비밀리에 국내 동포들의 민족의식 고취와 독립운동 자금 조달을 목적으로 했다. 연통제 조직은 안창호의 국무원 총책 취임시부터 활기를 띠기 시작해 1921년경에 조직을 갖추게 되었다. 이 조직을 총괄하는 교통 사무국은 만주 안동현의 이륭양행怡隆洋行과 부산의 '백산상회'에 두었다. 이륭양행은 영국 국적의 아일랜드인 G. L. 쇼(G. L Show)가 경영하는 회사였고, 백산상회는 안희제가 세운 회사로 대한민국임시정부 기관지인 『독립신문』의 국내 보급 통로였다. 『독립신문』 출판부장을 지낸 주요한朱耀翰은 백산상회의 국내 독립운동기지 역할에 대해 다음과 같이 회고했다.

> (연통제, 필자) 조직을 총괄하는 교통사무국을 안동현의 '이륭양행'과 부산의 '백산상회'에 두었다. 이륭양행은 영국인 'G. L 쇼'가 경영하는 상점이고, 백산상회는 부산출신 안희제가 시베리아를 방랑하며 독립운동가들과 사귄 뒤, 부산에 돌아와 세운 무역회사로, 독립신문 보급의 가장 중요한 통로가 되었다. 때때로 지방 연락기구가 적발되어 투옥되기도 하고 피신하여 연락망이 끊기기도 하면서 필사적인 보급 활동이 전개되었다.

국내의 독립운동가들은 연통제 조직을 통해 독립운동 자금 조달과 『독립신문』 보급을 시도했으며, 안희제는 독립운동 자금 조달과 『독립신문』 보급을 위한 독립운동기지로서 백산상회를 설립·운영했던 것이다.

1919년 2월에는 동경에서 2·8독립선언서를 들여오기 위해, 김마리아가 부산의 백산상회로 와서 신한청년당 이사장 서병호徐丙浩를 만났다. 이때 김마리아는 부산지역의 여성들과 만나 독립정신을 고취했는데, 이

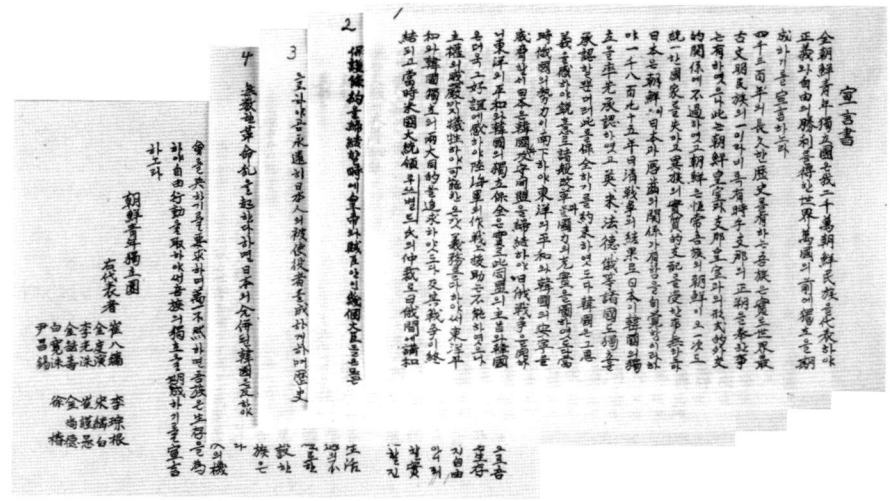

| 2·8 독립선언서

는 부산지역 3·1운동이 기독교 계통의 일신여학교를 중심으로 전개된 사실과도 연관이 있을 것이다.

연통제의 활동은 『독립신문』의 보급과 독립운동 자금 조달에 그치지 않아 수시로 일제의 간담을 서늘하게 했다. 일제 기관이나 지도층 처단 의거를 감행한 것이 그것인데, 조선 총독 사이토 처단 의거인 강우규 의사 의거, 나석주 의사의 동양척식주식회사 폭탄투척 의거 등이 그 예이다. 연통제 조직에서 파견되어 활동하다가 일본 경찰에 체포되어 옥고를 치른 인사도 많았다. 연통제에서 파견되는 특파원은 책임감이 강하고 비밀을 잘 지키며 일본 경찰에 체포되어도 신분을 숨길 수 있는 신망 있는 인물이 선발되었다. 국내로 파견된 인물 중에는 오대산 월정사 승려인 이종욱李鍾郁이 있다. 그는 국내로 특파되어 안희제와 비밀리에 접촉한 다음 활발한 활동을 전개해 경기 이남 지역에 연통제 조직을 완성

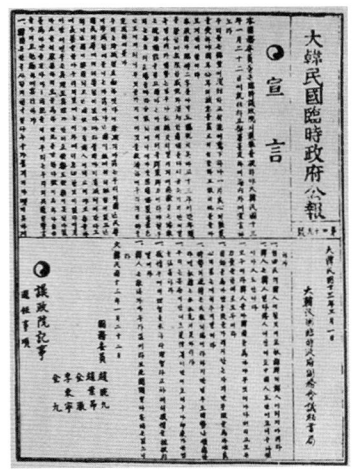
| 대한민국임시정부 공보

하고, 임시정부의 명령을 전달했다. 그러나 아쉽게도 이종욱은 일본 경찰에 발각되어 체포되고 말았다. 또한 김태규金泰圭·한병주韓秉柱 등은 서울을 중심으로 『독립신문』과 『신한청년』 및 『대한민국임시정부공보』 등을 배포하고 활동하다가 체포되었다.

한편 함경북도의 지식층이 조직한 연통제 비밀조직이 드러나 당시 세인의 주목을 받기도 했다. 이와 관련해 47인이 체포되어 함경북도 지방법원 청진지청에서 공판을 받았는데, 당시 『동아일보』는 연통제 공판기록을 지면에 게재하고 관련자들의 법정투쟁에 대해 낱낱이 보도했다. 당시 일제는 "연통제는 모두 조선의 헌법을 문란하게 했다"고 하며 관련자 42명에게 다음과 같이 언도했다.

윤태선尹台善 5년, 송관섭宋瓘燮 4년, 이상호李相鎬 4년, 김동식金東湜 4년, 이재일李在一 4년, 이규철李奎哲 4년, 김인서金麟瑞 3년, 정두현鄭斗鉉 3년, 박지혁朴之赫, 노춘섭盧春燮, 최붕남崔鵬南, 박두환朴斗煥, 현창묵玄昌黙, 송현섭宋現燮, 이동호李東湖, 최형욱崔衡郁, 임정발林正發, 장천석張天錫, 박상목朴相穆, 박대욱朴大郁, 이운혁李雲赫, 엄춘섭嚴春燮, 윤병구尹秉球, 석인제石麟蹄, 석인욱石

| 연통제 활동으로 체포된 애국지사들의 재판 광경

麟部, 정재호鄭在浩, 김하경金河經, 이영순李永順, 김용락金龍洛, 강학병姜鶴秉, 최종일崔宗一, 최병학崔秉學, 최창악崔昌岳, 최학남崔學南, 이용헌李庸憲, 박인수朴仁壽, 김병규金秉奎, 엄일봉嚴日奉, 엄기중嚴基重, 이병하李炳夏, 강상호姜尙鎬, 이재화李在和 이상 34명 2년형 언도

이 사건은 함경북도뿐만 아니라 평안북도에서도 관련자가 있었다. 중화군中和郡에 거주하는 강시봉姜時鳳 등 8명은 일본 경찰에 체포되어 평양지방법원에서 다음과 같이 언도를 받았다.

강시봉姜時鳳 4년, 김봉근金鳳瑾 4년, 황용기黃龍起 4년, 박승대朴承大 4년, 정인규鄭寅奎 2년, 최유현崔有鉉 2년, 임종형林鍾衡 2년, 김운현金雲鉉 2년, 황영걸黃榮杰 1년

국내 총책임자인 백산상회 안희제는 이 소식을 듣고 변장을 하고 만주 안동현 총책임자인 이륭양행의 G. L. 쇼를 찾아갔으나, 일제의 감시가 삼엄해 만나지 못하고 동생 안국제의 거처에서 약 2개월 동안 은거했다. 이후 다시 안동현으로 가서 G. L. 쇼를 만나 연통제 문제를 상의하고 귀국했다. 이 무렵 안희제는 첩보활동을 전개하다가 여러 차례 일본 경찰에 구속되어 고문을 당했으나, 확실한 증거가 드러나지 않아 석방되곤 했다.

3·1운동 직전인 1918년 12월 안희제는 만주로 망명해 안동현에서 은거생활을 하던 중 세상을 떠난 족형 안효제의 장례식에 참석하기 위해 만주로 갔다. 그는 박광朴洸(한의사)·김삼金三 등과 윌슨의 민족자결주의 선언으로 조성된 국제정세와 독립운동 방략에 대해 논의하고 귀국했다. 귀국 후에는 이시영李始榮·남형우 등과 삼남 각지의 동지를 규합하고, 중국·일본 등지의 독립운동 세력과 연계를 시도했다. 또 조카인 안준상安駿相을 고향인 의령으로 보내 3·1운동을 주도하도록 했으며, 거액의 독립운동 자금을 조달해 남형우·윤현진 등을 '영남대표'로 상하이 대한민국임시정부에 파견했다.

안희제가 대한민국임시정부의 독립운동 자금 조달을 위해 눈부신 활약을 한 점에 대해서는 이론이 없을 것이다. 당시 국내에서 독립운동 자

| 안희제가 독립운동 자금을 조달한 상하이 대한민국임시정부

금을 모금하는 일이 어려웠던 만큼 안희제는 독립운동 자금을 조달 과정에서 많은 일화를 남겼다. 그는 '임정첩보臨政諜報 36호'의 총책임자로, 자료로 남아 있지도 않고 확인할 길은 없지만 국내에서 독립운동 자금 조달을 위해 그가 펼친 활동은 첩보활동을 방불케 했다.

그는 어디를 가던 자신의 신분을 은폐했다. 그리고 정보 연락을 위해 그가 여관에 투숙할 때는 반드시 36호 객실을 이용했다. 술집에서 술을 마실 때도 항상 일본 기생을 곁에 앉혔다고 한다. 또한 변장술에도 능숙해 일본 옷을 입고 다니면서 자신의 신분을 감추었다.

안희제는 임시정부 운영 자금의 60%를 혼자서 조달했다고 할 정도로 독립운동 자금 모금의 전설적인 인물이었다. 첩보원이 안희제에게 독립운동 자금을 요구하면 그는 항상 요구하는 금액의 2배를 주었다고 한다. 임시정부 행동대원인 김정균金貞均과 남의태南義台에게 활동자금을 지원한 것도 바로 안희제였다.

6
독립운동 인재를 양성하기 위해 기미육영회를 조직하다

    1919년 11월 안희제는 백산상회 관계자들을 중심으로 부산 및 인근 군郡 유지들과 함께 기미육영회己未育英會를 조직했다. 국권 회복을 위해서는 교육 보급·인재 양성·민중 계몽이 급선무임을 깨닫고, 독립운동에 필요한 인재를 양성하기 위해 우수한 청년을 선발해, 국내 및 국외에 유학시킬 목적이었다. 기미육영회 설립 목적은 「기미육영회 취지문」에 잘 나타나 있다.

기미육영회 취지문

사회의 흥륭興隆을 도모하고 문화의 발전을 촉促하는 근본책이고도 효과 있는 길은 청년을 교양하여 수세需世의 그릇이 되고, 경방經邦의 인재가 될 사람을 많이 만들어내는 것에 우선하는 일은 없다. …… 자타를 가리지 말고 여력을 서로 합하여 빛을 잃고 숨어 있는 준재俊才를 선발 연마하여 성기달지成器達志의 길을 열어 줌은 일면 우리 사회의 흥륭을 도圖하고, 문화의 발전을 촉促하는 요무要務에 그치는 것이 아니라, 실로 시대사상의 빈부

상배貧富相排를 완화緩和하는 일대미거一大美擧라 할 것이다. 이에 오인吾人은 느끼는 바가 있어 육영회를 설립하고, 이 숭고한 사업을 수행하고자 한다. 동감의 인사는 와서 이 일에 찬동贊同하기를 바란다.

또한 기미육영회는 13개조의 규칙과 3개조의 선발내규를 마련했는데, 규칙에 의하면 '사회를 위한 인재'를 양성함을 목적으로 하고(규칙 2조), 본부는 부산에 둔다(규칙 3조). 재정은 회원의 부담금으로 운영되며(규칙 5조), 회원은 매년 1백 원 이상을 부담한다(규칙 6조). 또한 기미육영회는 간사 5인을 두어 회무를 관리하며, 그 중 1인을 대표간사로 정하고(규칙 7조), 회원 중에서 평의원 10인을 선정해 회의 사무를 평의케 했다(규칙 8조). 창립 당시 간사 및 평의원은 다음과 같다.

기미육영회 간사 및 평의원 명단

간사	안희제安熙濟	(백산상회 전무 취체역)
	윤현태尹顯泰	(백산상회 취체역)
	윤병호尹炳浩	(백산상회 지배인 겸 취체역)
	최태욱崔泰旭	(부산 무역상 공태상회共泰商會 주인)
	전병학全秉鶴	(부산 초량 경남은행 부지배인)
평의원	문상우文尙宇	(부산 경남은행 지배인)
	안대호安臺鎬	(부산 부호)
	조동옥趙東玉	(백산상회 취체역)
	이우석李愚奭	(백산상회 취체역)

기미육영회 보도기사(『동아일보』 1921. 4. 19)

전석준金錫準(부산진 일기포장一紀舖長)

윤상은尹相殷(부산부 협의회원)

손영순孫永詢(밀양)

최한무崔漢武(부산 주일상회 주인)

김시구金時龜(부산상업회의소 부회두副會頭)

김교석金敎錫(경남 합천, 부산체재 무역상)

    기미육영회 발족 6개월 후인 1920년 5월에는 회원이 43명에 이르렀고, 회원부담금 신청액이 12,000원, 불입액이 5,000원에 달했다. 기미육영회는 매년 10명씩 유학생을 선발하기로 방침을 세우고, 제1차 유학생으로 김정설金鼎卨·이병호李炳虎·이제만李濟晩·전진한錢鎭美·문시환文時煥 등 5명을 선발했다. 독일로 유학간 안호상安浩相·이극로李克魯와 영국으로 유학간 신성모申性模 등은 기미육영회에서 파견한 유학생들이었다.

    이렇듯 부산 경남지역의 유지 40여 명으로 조직된 기미육영회는 회원부담금으로 유학생을 파견함으로써 장래 독립운동을 위한 인재 양성에 크게 기여했다. 그러나 1920년 봄 이후 경제공황으로 회원들의 부담금 수납이 어려워져 1921년 이후에는 육영사업이 원활하게 지속되지 못했다.

기미육영회에서 선발한 유학생들에 대해 살펴보면, 김정설은 경북 경주 출신으로 김범부金凡父로 더 널리 알려져 있으며, 소설가 김동리의 친형이다. 그는 일본으로 유학해 동양대학에서 동양철학을 전공했다. 이후 도쿄대학과 교토대학에서 동서양 철학을 비교연구하고 귀국해, 1945년 광복 때까지 산사山寺를 순방하면서 불교철학 연구에 매진했다.

전진한은 경북 문경 출신으로, 일본으로 유학해 와세다대학 경제과를 졸업했다. 그는 1945년 독립촉성전국청년연맹 위원장, 1946년 민족통일총본부 노동부장을 역임했으며 1948년 제헌국회의원에 당선, 대한민국 정부가 수립되자 초대 사회부장관에 임명되었다. 이후 1950년 제2대 국회의원·1954년 제3대 국회의원·1960년 제5대 국회의원·1963년 제6대 국회의원에 당선되었다.

문시환은 경남 동래 출신으로, 사립 동래 동명중학교를 졸업하고 일본으로 유학해 일본 정칙영어학교를 졸업했다. 1923년 1월~5월까지 중국 상하이에서 대한민국임시정부 개편문제를 논의하기 위해 국민대표회의가 개최되자 경남기성회慶南期成會 대표로 참가해 노동위원으로 선출되었다. 그리고 국민대표회의에서 안창호 계열의 개조파 간부로 활동하면서 독립운동 방략과 독립운동단체의 통일기구를 조직하기 위해 활동했다. 그러나 국민대표회의가 성과를 거두지 못하게 되자, 상하이에

| 기미육영회에서 파견한 유학생들. 오른쪽에서부터 안호상·이극로·신성모(1927년 11월 독일 베를린대학 교정에서)

서 보천교普天敎청년회 대표 강홍렬姜弘烈 등과 함께 의열단에 입단해 활동했다. 1923년 6월 말 의열단 총회에서 일제의 중요기관 폭파 및 요인 암살 등의 거사를 대대적으로 실행하기 위해 군자금 모금을 결의하자, 군자금 모금을 위해 국내로 파견되어 활동하다가 일본 경찰에 체포되어, 1924년 경성지방법원에서 징역 2년을 언도받고 서대문형무소에서 옥고를 치렀다. 이후 모스크바 동방노력자공산대학을 졸업했다. 『동아일보』 부산지국 기자를 역임했으며 광복 후에는 동래군수·경상남도 노동국장과 상공국장·경상남도 도지사를 역임했다.

안호상은 경남 의령 출신으로, 1920년 대종교에 입교했다. 1924년 중국 상하이 퉁지同濟대학을 졸업한 후 1929년 독일 예나대학에서 철학박사 학위를 받았다. 1934년 보성전문학교 교수로 재직했으며, 1942년 조선어학회 사건에 연루되었으나 병중이라 체포는 면했다. 광복 후 1946년 전조선문필가협회 학술분과위원장과 조선민족청년단 부단장을 맡았다. 1948년 대한민국정부가 수립되자 초대 문교부장관에 임명되었다.

이극로는 경남 의령 출신으로, 1927년 베를린대학 철학과를 졸업하고 귀국해 조선어학회 주간으로 있으면서 『조선어사전』을 편찬했다. 1942년 조선어학회사건으로 일본 경찰에 체포되어 함흥형무소에서 복역하던 중 1945년 광복이 되어 풀려났다. 이후 1948년 '남북제정당·사회단체연석회의' 참석차 평양에 갔다가 돌아오지 않고 북한에 남아 최고인민회의 상임위원회 부위원장 등을 지냈으며, 북한 언어 규범화운동인 '문화어운동'을 주도했다. 주요 저서로는 『실험도해 조선어 음성학』

이 있다.

  신성모는 경남 의령 출신으로 보성전문학교를 졸업한 후 1910년 일제가 한국을 강점하자 블라디보스토크로 망명해 신채호·안희제 등과 함께 독립운동을 전개했다. 이후 중국 상하이로 건너가 1913년 우쑹吳淞 상선학교와 난징南京항해대학을 거쳐 영국 런던에 유학해 1등항해사 자격을 얻었다. 8·15 광복 후에는 귀국해 1948년 제2대 내무부장관을 지냈고 1949년에는 국방부장관이 되어 6·25 한국전쟁을 맞았다.

7
부산예월회를 조직하여 문화운동을 확산하다

3·1운동 이후 일제는 이른바 '문화정치'를 표방하고 각급 제도의 개편을 천명했으나, 실질적인 개선은 이루어진 것 없이 형식적인 수준에 그쳤다. 그 중에는 개편된 교육제도로 1920년 11월 '임시교육조사위원회 규정'에 이어 12월에는 '교과서조사위원회 규정'이 발표되었고, 1921년 1월에는 제1회 임시교육조사위원회가 소집되었다.

이에 민족자본가들은 1921년 5월 소집될 제2회 임시교육조사위원회를 앞두고 대응책을 마련했는데, 그 움직임은 부산에서 시작되었다. 1921년 3월 12일 부산예월회는 임시교육조사위원회에 제출하기 위한 건의안을 심의했다. 이어 4월 24·25일 부산지역 유지 100여 명이 조선교육개선기성회를 조직하고, 천 수백 명의 연서로 임시교육조사위원회에 제출할 진정서를 작성했다. 같은 날 부산예월회 회원들도 동래군 유지 40여 명과 함께 건의서를 작성했다.

1920년 4월 일제는 회사령을 폐지하고, 1921년 6월 '산업조사위원회 규정'을 발표했다. 이에 민족자본가들은 산업개선 청원운동을 전개했는데, 6월 25일과 29일 부산예월회는 임시총회를 열어 이 문제를 토의했다. 그리하여 이른바 '일선동화日鮮同化' 및 차별교육 정책 철폐, 식량·원료·노동력 공급기지화, 상품판매 시장화 등 식민정책 폐기를 요구했으나 실효를 거두지는 못했다.

부산예월회는 1916년 조선인 상업회의소가 일본인 중심의 부산상업회의소로 병합된 이후

| 부산예월회 개최 보도기사 (『동아일보』, 1921. 4. 12)

독자적인 조직체가 없어지자, 한국인 자본가들이 3·1운동 이후 독자적인 '상공구락부' 성격의 조직 설립을 추진해 만든 단체였다. 회원 수는 38명, 대표자는 안희제였다. 임원은 기미육영회와 같이 간사와 평의원으로 구성되었다. 간사는 1명이었는데, 초창기 간사는 북선창고주식회사 부산지점 지배인 홍종희洪鍾熙였으며, 1921년 4월 조선주조주식회사 사장 김종범金鍾範으로 교체되었다.

3·1운동 이후 국내 민족주의 계열은 다양한 문화운동을 통한 실력양성운동을 전개했다. 민족자본 형성을 위한 민족산업 육성운동, 근대교육을 위한 학교설립운동, 교육·산업개선 청원운동, 나아가 청년운동을 통한 대중계몽단체 조직운동 등으로 확산되어 갔다. 이러한 운동은 부산지역이 선도적 역할을 했는데, 안희제는 최준·윤현태 등과 함께 부산지역의 문화운동을 주도했다. 부산예월회 38명의 회원 명단은 〈표 6〉과 같다.

부산예월회 회원들은 계층면에서 백산무역주식회사·경남인쇄주식회사 중역이나 주주인 부호·무역상 등 자본가층으로 구성되어 있었으

〈표 6〉 부산예월회 회원 명단

성명	직업	경력
권인수	석탄상·대원상점·대동주조합자회사	학교 평의원(1927~1930), 부회의원(1931~1935)
김국태	은행원·기자	토산장려회, 민립대학 발기인, 신간회 지회장
김규	삼산의원	학교 평의원(1924)
김병규	동래은행 지배인	도회의원(1927~1933)
김성권		
김시구	김병선지점·동성상회주식회사 중역	상업회의소 평의원(1928~1934)
김용조	경남인쇄주식회사 주주	
김종만		
김종범	조선주조주식회사 중역(1919)	
김준석	부산진저축회사 대표	상업회의소 평의원(1920~1924), 상애회 간부·생활개선회 임원(1922), 학교 평의원(1924)
김철수	부산상사·고려상회 지배인	주택난 구제 부산시민대회 대표
김형찬	태복상회 지배인	
문상우	경남은행 지배인 동성상회 대표	부협의원(1923), 도평의원(1927), 상업회의소 평의원(1920~1926)
문영빈	백산무역주식회사 감사역 동성상회 중역	
문창호	삼양상회	
박영희	경남인쇄주식회사 주주	상업회의소 평의원(1922~1924), 금주동맹
박학수	상인	상업회의소 회원(1916)
송기룡	광동상회	
송태관	구포저축주식회사 주주·경남은행 대표 삼산자동차주식회사 중역(1920) 조선주조주식회사 주주(1920)	공립상업학교 상의원商議員

성명	직업	경력
안희제	백산무역주식회사·조선주조주식회사	상업회의소 부회두(1926~1928)
윤병호	백산무역주식회사 취체역	주택 난구제 시민대표, 도회의원(1933)
윤현태	백산무역주식회사 중역 일금상회 주임	부산상업학교 상의원商議員
이규직	구포은행 중역(1912)·석탄상 경남인쇄주식회사 주주	조선인상업회의소 회두(1914)
이근영		
이청	경남인쇄주식회사 중역	상업회의소 평의원(1920~1922)
임병인	면사포해륙물산 객주	
장우석	구명학교 교장·물산객주·무역상 구포저축주식회사 취체역	
전병학	경남은행 부지배인	
전석준	무역상·일금상회	양산군 참사(1917)
정기두	해륙물산 무역상·미곡상	부협의원(1920), 학교 평의원(1920)
정상삼	정미소	상업회의소 회원(1916)
최보경		
최순	백산무역주식회사 대표	
최연무	주일상회 지배인	
최태욱	태공상회·백산무역주식회사	상업회의소 특별의원(1920~1922)
추내유	초량객주	상업회의소 평의원(1916), 부협의원(1927)
현영건		
홍종희	백산무역주식회사 원산지점장 삼산자동차주식회사 주주	

* 출전 : 『朝鮮日報』 1921년 5월 5일 ; 『東亞日報』 1921년 6월 29일 ; 吳美一, 『韓末~1920年代 朝鮮人 資本家層의 形成 및 分化와 經濟的 志向』, 성균관대학교 박사학위논문, 1998 ; 李東彦, 「白山 安熙濟 硏究」, 『한국독립운동사연구』 제8집, 독립기념관 한국독립운동사연구소, 1994.

며, 지역면에서는 창원(김시구)·하동(문영빈)·의령(안희제)·양산(윤현태)·경주(최순)·청도(최태욱) 등 경상도출신이 대다수였다. 1910년대 비밀결사의 주체로 활동했던 교사나 지식인층이 빠지고, 지역의 유력자인 자본가층으로 구성된 것은 당시 실력양성론에 기초한 문화운동의 주체로서 자본가층이 사회 주도세력으로 등장했음을 의미한다. 특히 부산예월회는 한국인의 상공업 발달과 교육 개선을 위한 실력양성운동 단체로 조직되었으므로, 그 목적에 맞게 활동에 요구되는 재정적 수요를 감당할 수 있는 자본가층으로 구성되었다고 하겠다.

부산예월회에 참여한 회원들은 일제와의 관계나 민족운동에 대해 다양한 입장을 보였다. 대한민국임시정부나 국외 독립운동단체를 지원하는 항일비밀결사단체에서 활동한 안희제·윤현태·최태욱·최순 등은 일제에 강한 반감을 가지고 있는 반면, 부협의원인 문상우나 정기두는 일제에 협조적인 인물이었다. 정기두는 1899년부터 무역상으로 조선물산을 경영해 부를 축적했고, 1906년 탁지부 세무관으로 함경남도에서 근무한 뒤 1907년 이후에 부산 초량에서 미곡상을 경영하며 땔나무 도소매상도 했다. 1920년에는 부산부협의원으로 선출되었으며, 1932년 창립된 부산미곡거래소의 유일한 한인 회원일 정도로 일제 당국과 친밀한 인물이었다.

이들과 함께 이른바 '문화통치'의 대표적 선전기구인 생활개선회 분회장이자 상애회 간부인 김준석, 교풍회矯風會 회장 김교식金敎式 등도 있었다.

1922년 부산에서는 가정 및 사회생활의 개선, 도덕·경제·위생 등에 대한 개선, 물가 조절을 통한 생활개선 등을 표방하며 유력인물 및 각 정동町洞 대표 200여 명을 중심으로 생활개선회를 조직했다. 이는 관변단체로서 회장은 부산 부윤府尹 기다木田, 부회장은 부산 재향군인회 회장인 요시나리吉成, 분회장은 김준석이었다. 이들과 함께 사회주의 사상을 수용한 김종범 등 다양한 인물들이 망라되었다.

주요 활동은 일제가 표방하는 '문화통치'의 창침과 시행 내용에 대한 한국인 자본가층의 견해와 요구조건을 제시하고, 이를 관철하는 데 초점을 두었다. 대표적인 활동으로는 부산예월회가 중심이 되어 동래지역 유지들과 함께 조선교육개선기성회를 조직하고, 조선총독부 조선교육조사위원회에 교육개선 건의안을 제출한 것이 있다.

또 부산지역 초기 문화운동의 구심체로서 조선총독부를 상대로 교육·산업개선 청원운동을 선도했다. 그러나 기미육영회와 마찬가지로 부산예월회도 1921년 후반 이후의 구체적인 활동은 확인되지 않는다. 그 이유로 일제의 감시와 통제, 조직의 구심력 부재로 인한 대중화 실패 등을 지적할 수 있다.

이 시기 부산예월회와 함께 안희제가 참여한 단체는 부산청년회였다. 3·1운동 이후 전국 각지에서 자본가층을 중심으로 문화운동 단체가 설립되었으나 지속적인 활동이 불가능해졌다. 이에 각계각층의 다양한 세력을 규합할 대중조직의 필요성이 대두되었다. 그리하여 1920년대 말 부산에서는 부산진구락부를 비롯해 고관·초량·영주동·목도·부인정·곡정 등지에 지역 단위로 7개의 청년단체가 결성되었다. 이들 청년단체의 설립 목적은 '지덕체智德體 삼육三育의 장려를 통한 윤리·도덕·

〈표 7〉 부산청년회 임원 명단

성명	직업	경력
김준석	부산진저축회사 대표	동아일보 지국장, 상애회 간부, 상업회의소 평의원, 학교 평의원
김종범	조선주조주식회사 중역	
김국태	은행원·시대일보 기자	양말노조간부, 토산장려회, 신간회 지회장
조동혁		
김철수	부산상사·고려상회 지배인	주택난구제회 부산시민대표
전성호		주택난구제회 시민대회 대표, 부산진청년회, 제4동우회
허영조		
추정명		제4동우회
어윤광	어윤광상점·국내통운사 주임	
유영준		
이석형		
서유형		
최석봉		
오형식	북선창고회사 대표	
강기흠	가등상점	
안희제	백산무역주식회사·금전대부업	상업회의소 평의원(1926~1928), 동아일보 지국장
김재준	초량객주	부협회의원(1921·1930), 흥학회장, 제4동우회
이병희	경남인쇄주식회사 지배인 협동인쇄사 사장	상업회의소 평의원
이유석	초량객주 남선창고주식회사 감사	학교 평의원, 제4동우회

※ 출전: 『동아일보』 1922년 1월 13일, 1월 19일, 4월 29일, 1923년 11월 29일 ; 『시대일보』 1925년 11월 17일 ; 오미일, 『한말~1920년대 조선인 자본가층의 형성 및 분화와 경제적 지향』, 성균관대학교 박사학위 논문, 1997.

경제의 건실한 도모'였다.

그러나 지역 단위의 청년회 활동 역시 부진해지자, 지역 단위의 조직을 탈피해 1920년 말 부산청년회가 결성되었다. 1925년 6월 회원 수가 600여 명을 헤아릴 정도로 부산지역에서 영향력이 큰 단체로 발전했으며, 안희제는 부산청년회 재무부 간사로 활동했다.

| 부산청년회 정기총회 보도기사. 안희제가 간사로 선출되었다.('동아일보' 1923. 11. 29)

부산청년회는 입회수속을 하지 않아도 부산지역 거주자이면 누구나 입회가 가능한 대중단체였다. 그 중 월회비를 납입하는 자는 '유지회원維持會員'이라 했는데 재정에 기여하는 유지회원들이 운영을 주도했다.

초기의 간부들은 대개 금융업이나 상업에 종사하는 자본가들이었다. 이들은 대부분 상업회의소 평의원 등으로 활동하는 등 부산 경제계를 대표하는 인물들이었다. 한편 정치적인 입장면에서는 부산예월회의 경우와 같이, 정치적인 입장을 달리하는 인물이 혼재되어 있었다. 부회의원이나 상애회 간부로 일제와 밀접한 관계를 유지하는 인물이 있는가 하면 비밀결사에 가입해 활동하거나 또는 합법적인 문화운동에 적극 참여해 민족운동을 지원하는 인물로 나뉘어 있었다.

정치적 성향이 다른 다양한 구성원들로 운영된 배경은 1920년대 초반 '문화운동'이라는 큰 범주 안에서 공유 가능한 부분이 존재했기 때문이었다. 아울러 부산지역이 정치적 입장에 따른 분파 현상이 일어나는 정도가 상대적으로 약했기 때문이기도 했다.

부산청년회는 지역범위를 벗어난 조직이 시간이 흐르자 점차 활동이 부진해졌다. 그리하여 각지에서는 다시 동별(洞別) 청년단체가 출현했다. 1922년 5월경 창립된 서부청년회는 대표적인 동별 지역 청년단체로서, 회원이 100여 명에 이르렀다. 회원 중에는 부산청년회와 지역별 청년회에 중복 가입한 사람들이 많았다.

기미육영회·부산예월회·부산청년회 등 각종 청년단체가 중심이 된 문화운동의 내용은 교육과 대중계몽운동이 주를 이루었다. 그러나 청년단체의 초기 활동은 정치운동 단계로 확대되지는 못했고, 지역유지·자본가·지식인층의 모임으로 학교 평의원이나 부회의원 선거에 후보를 공천하는 등 이익단체로서 면모를 드러냈다.

자본가층은 야학 개설, 강연회 및 토론회 개최 등을 통해 대중을 계몽하기도 했으나, 주력한 문화운동은 사립학교와 야학 설립, 주택난 해결, 도항 노동자 문제 등과 같은 밀접한 문제 등이었다. 특히 교육을 통한 계몽운동이 활발해 자본가층은 사립학교와 야학을 설립했고, 기존 학교에는 육영회를 통해 재정을 지원했다. 중앙에서 민립대학 설립운동이 전개되기 수년 전에 이미 해외유학생 파견을 통한 인재 양성을 목적으로 기미육영회가 결성된 사실은 부산지역 자본가층의 실력양성운동, 즉 포괄적인 개념의 문화운동을 잘 보여주고 있다.

1919년 3·1운동 이후 민족자본가들이 중심이 되어 선도한 문화운동은 근로대중으로 확대되었고, 부산에서도 주민운동이 시작되었다. 주택문제 개선 요구운동은 그 중 하나였다. 부산의 특수한 지리적 여건상 주택난 구제사업도 문화운동의 현안으로 추진되었다.

| 주택난구제기성회 취지서(「동아일보」 1921. 8. 8)

당시 부산은 자본주의적 근대도시로 성장해 가는 과정에서 일제의 수탈이 심화되었고, 한국인은 몰락해 가는 상황이었다. 극소수의 일본인 대지주들은 부산의 토지를 소유해 땅값 상승을 부추겼으며, 이로 말미암아 폭증하는 주택 수요를 따르지 못해 집세의 폭등과 심각한 주택난이 야기되었다. 그 결과 도처에 빈민굴이 형성될 지경이었다.

이러한 상황에서 일제는 '근대 도시환경 조성'이라는 미명하에 제1기 시구개정사업을 착수해 400여 호가 철거당했다. 이 일을 계기로 부산지역 민족자본가들은 주택난구제기성회를 발기해 1921년 8월 3일 발기총회를 개최했다.

발기총회에서는 이 운동을 지역주민운동 차원으로 전개하기 위해 부산시민대회를 열기로 결의하고, 시민대표로 안희제·김종범·김준석·강환호·전성호·이영언李榮彦·최천택·김철수·최태욱 등 14인의 실행위원을 선출했다. 이어서 8월 25일에는 부산청년회관에서 시민대회를 개최하고, 조선총독부에 부산 주택난 구제책 마련과 '택지·가옥 대차에 관한 법령' 제정과 함께 부산에 노동자 공동숙박소를 설치해 줄 것을 청원했는데, 2,000여 명이 참가하는 대성황을 이루었다. 이 운동은 1921년 9월 부산 노동자 총파업 투쟁의 한 배경이 되었다.

부산의 또 다른 사회문제는 취업을 위해 일본으로 도항하려고 각지에서 모여든 노동자 문제였다. 1921년 일본 동경에 본부를 둔 친일단체 상애회相愛會 회장이자 친일파의 거두인 박춘금朴春琴은 귀국해 조선총독부 권력을 등에 업고, 일본으로 도항하려는 노동자들에게 1매당 20원씩 받고 도항 증명서를 판매하는 제도를 만들었다.

1924년 일자리를 찾기 위해 일본으로 건너가려는 한국인 노동자 4,000여 명은 부산으로 몰려들어 여관이나 노상에서 주린 배를 움켜잡고 방황했다. 일부에서는 이를 이용해 노동자의 금전을 갈취하는 사건이 빈번하게 발생했다. 이에 민족주의 계열의 자본가들은 부산청년회관에서 시민대회를 열고 "도항 주선을 핑계로 노동자에게 부정한 금전이나 뇌물을 강요하는 자를 엄중 단속하도록 당국에 요구할 것, 한국인 노동자의 일본 도항을 무제한·무간섭으로 개방할 것을 당국과 교섭할 것"을 결의했다. 이 대회는 안희제·윤병호·김국태·윤상은 등 15인이 주도했다. 이어서 이들은 상경해 조선총독부에 여행권 철폐를 요구하고 나섰다. 마침 일본에서는 관동대지진 복구를 위한 노동력이 필요했기 때문에 이후 한국인 노동자의 일본 도항도 용이해졌다.

주택난 구제운동과 도항세 철폐운동은 주로 시민대회 형식으로 이루어졌다. 이러한 시민대회가 열릴 수 있었던 데에는 기미육영회·부산예월회·부산청년회 등 문화운동 단체의 조직력이 밑바탕이 되었기에 가능했다.

그런데 1924년 도항 노동자 문제로 자본가층 사이에 대립이 노출되었다. 안희제·김국태 등이 주도한 시민대회로 인해, 노동자에게 도항

| 상애회 공동숙소

| 재일조선노동총동맹의 친일 상애회 비난격문

주선을 빌미로 금전을 갈취해 온 상애회와 노동공제회가 여론의 질타를 받고 존립에 타격을 받기에 이르자, 그들은 폭력적 방법으로 대응하려 했다. 주동자는 김준석과 정상룡이라는 인물이었다. 김준석은 부산예월회 회원으로 1922년 경 부산청년회 회장과 부산진구락부 간사장을 지낸 문화운동 주도인물 가운데 한 사람이었고, 정상룡은 상애회 회장으로 동성상회 주주였다.

도항 노동자 문제를 위한 시민대회를 주도한 안희제·김국태·이유석 등은 일제의 노동정책뿐만 아니라, 노동자를 착취하는 어용 노동단체의 해악과 그에 기반을 둔 예속 자본가의 비리를 폭로하는 데 역점을 두었다. 따라서 노동자 문제는 자본가층의 입장을 갈라지게 하는 계기가 되었다.

부산예월회나 부산청년회 등에서 임원이나 회원으로 활동하던 자본가층은 자신의 경제적 기반의 차이에 따라 대응방식을 달리 했다. 문화운동이라는 범주에 가려져 있던 정치적 입장이 주택문제와 노동자 문제를 계기로 표면화되면서, 운동노선에서도 차이점이 드러나기 시작했던 것이다.

안희제는 교육에 특별히 많은 관심을 기울여 1921년 부산에 고등보통학교 설립을 위해 노력했다. 1923년 2월에는 부산진공립상업학교(현재 부산상업고등학교) 학생들이 학교 승격과 교명 변경을 요구하며 동맹휴학을 단행했을 때, 부산상업회의소 의원 대표 자격으로 학생들의 요구를 관철시키기 위해 앞장섰고, 민립대학 설립운동의 발기인으로 참여하기도 했다. 그리고 1924년 2월 마산에서 열린 경남유림대회에서 교육

| 신간회 강령과 규약

사업 추진을 목적으로 결성된 유도협성회儒道協成會에 이사로 참여해 활동했으며, 1926년에는 부산도립여자고등보통학교 기성회 임원으로 교육 진흥과 학교 발전을 위해 진력했다.

1920년대 중반 사회주의 사상이 수용되면서 민족주의운동 진영은 타협파와 비타협파로 분화되었다. 부산에서도 이같은 분화가 일어났는데, 민족자본층 내 타협파는 친일적·반노동자적 성향을 드러내며 근로대중과 노골적으로 대립하는 양상을 띠었다. 안희제를 비롯한 비타협파는 한국인 노동자의 도일渡日 저지 철폐, 1924년 상애회 박멸운동, 1925년 친일주구 종교단체인 보천교普天敎 박멸운동, 1926년 삼산병원三山病院 습격투쟁을 지도하고 지원함으로써 근로대중과의 결합을 강화했다.

이 같은 상황에서 1927년 2월 민족주의 좌파(비타협파)와 사회주의 진영은 신간회新幹會를 결성했다. 신간회는 '민족유일당' '민족협동전선'이라는 표어 아래 민족주의 진영과 사회주의 진영이 제휴한 민족운동단체로, 안재홍安在鴻·이상재李商在·백관수白寬洙·신채호申采浩·신석우申錫雨·유억겸兪億兼·권동진權東鎭 등 34명이 발기인으로 참여했다. 신간회의 정강·정책은 ① 조선민족의 정치적·경제적 해방의 실현, ② 전민족의 현실적 공동이익을 위하여 투쟁함, ③ 모든 기회주의 부인 등이었다. 초대 정·부회장으로는 이상재와 권동진이 각각 추대되었으며, 35명의 간사와 총무·재무·출판·정치문화·조사연구·조직·선전 등의 7개 부서를 두었다. 그러나 주요 직책을 민족주의 진영에서 차지해 사회주의 진영의 불만이 있었지만, 민족적·정치적·경제적 예속의 탈피, 언론·집회·결사·출판의 자유 쟁취, 청소년·여성의 평형운동 지원, 파벌주의·족보주의의 배격, 동양척식주식회사 반대, 근검·절약운동 전개 등을 활동목표로 삼고, 전국에 지회支會와 분회를 조직해 세력을 확장해 갔다. 그리하여 1930년에는 전국에 140여 개의 지회와 3만 9,000여 명의 회원을 확보했으며, 일본에도 각 지회를 조직해 활동을 전개했다. 일제 경북경찰부에서 간행한 『고등경찰요사高等警察要史』에는 "배일선인排日鮮人 가운데 저명한 인물은 거의 여기에 가입했고 …… 이들이 집회 등에서 하는 언동으로 보아, 이 운동의 도달점은 조선의 독립에 있음을 알 수 있다"고 신간회 성격을 규정했다. 1929년 11월 광주학생운동이 일어나자 신간회는 진상조사단을 파견하고, 일제의 학생운동 탄압을 엄중 항의했다. 그리고 이를 계기로 독립운동을 지향하는 민중대회 개최를 시도했으나, 이로 인해 조병옥趙炳玉·이관용李灌鎔·이원혁李源赫 등 44명이 체포되었다. 조병옥 등 6명은 실형을 선고받아 신간회의 뿌리가 흔들리게 되었다.

표면적으로는 좌우익 세력이 합작한 단체였지만, 실제로는 민족주의 진영이 주도권을 행사해 사회주의 진영 측의 불만은 높았다. 이들은 주요 간부들이 투옥된 사이를 이용해 해산운동을 벌였으며, 1931년 5월 조선중앙기독교청년회에서 대의원 77명이 참석한 가운데 해소를 결의함으로써, 신간회는 발족한 지 4년 만에 해산되기에 이르렀다.

안희제는 신간회 운동에 직접 참여하지는 않았다. 하지만 그는 신간회가 결성된 상황에서 영남의 유림·지주들이 영남친목회 조직을 계획하자, 신간회에 민족역량을 집결하는 것에 장애가 되고, 지역감정을 조장한다는 이유로 이를 저지했다.

8
협동조합운동에 앞장서다

　1919년 부산에서 백산무역주식회사와 조선주조주식회사를 설립해 경영하던 안희제는 1920년대 초반 물산장려운동에도 참여했다. 그러나 당시 대중의 지지와 호응 하에 활발하게 전개된 물산장려운동이 1923년 후반 침체 상태에 이르자, 민족주의 계열은 민족자본의 축적과 공업 발전에 목표를 두고 대중의 자주경제 수립을 지향하는 협동조합운동으로 전환했다. 물산장려운동은 소수 자본가층의 이익으로 귀속될 뿐이라는 사회주의자들의 비판과 대중의 외면으로 경제운동의 방향전환이 요구되는 가운데 나타난 변화였다. 물산장려운동론이 자본가층의 자본축적 문제와 직결된 데 반해, 협동조합운동론은 운동의 지향이나 대상으로 보아 자본가층의 경제운동론과 관련짓기는 어려웠다.

　하지만 협동조합운동론의 주된 내용이 소비조합 이론이었고, 물산장려운동 역시 실천 방법으로 소비조합 조직을 시도한 데서 알 수 있듯이 협동조합운동론 또한 자본가층의 '생산조건 개선'이라는 성격을 내포하고 있었다. 즉 소농민·도시서민의 피폐와 몰락으로 한국인 자본가층의

| 조선물산장려회 선전활동

경제적 토대인 국내경제, 구체적으로 '민족경제권'이 동요되는 상황에서 이들 소농민·도시서민의 경제생활 향상을 표방한 협동조합운동은 가계경제를 개선해 구매력을 향상시키고, 제조상품의 판로를 확보하는 형태로써 한국인 자본가층의 생산 조건을 개선하는 효과를 수반한다는 논리였다.

일반적으로 '협동조합' 및 '협동조합운동'이라는 용어가 사용된 것은 1920년대 후반에 들어서였고, 1920년대 초반까지는 주로 '산업조합'이란 용어가 통용되었다. 한국의 경제 상황에 산업조합의 설립이 필요함을 주장한 최초의 글은 1917년 『학지광』에 실린 최원호崔瑗浩의 「조선인의 생활과 산업조합의 필요」라는 글을 꼽을 수 있다. 이 글에서는 아직 기계

안희제 97

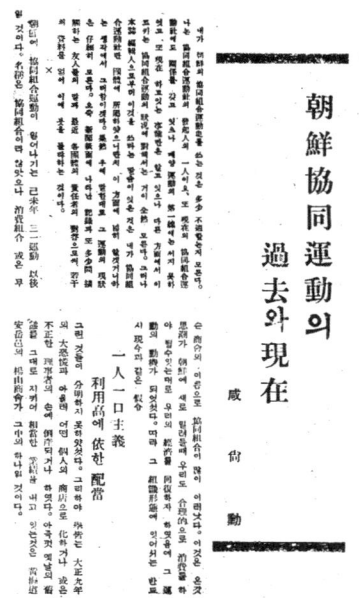

| 함상춘의 「조선협동운동의 과거와 현재」

| 산업조합의 설립 필요성을 주장한 최원호의 글. 「조선인의 생활과 산업조합의 필요」가 실린 『학지광』(1917)

공업이 발달하지 못해 일상필수품을 모두 외국인의 손에 의탁할 수밖에 없는 현재의 미숙한 공업 발전 수준에서 생활의 곤궁함을 구제할 방안으로 각 산업부문과 계층에 산업조합을 설립할 것을 주장했다.

이후 경제적 실력양성론이 대두하면서, 그 방안의 일환으로 산업조합이 주목받기 시작했다. 문화운동의 지도자나 지식인들이 주장한 당시의 산업조합론은 일본의 산업조합론을 도입한 것으로, 용어도 그대로 사용했을 뿐 아니라 내용도 일본의 산업조합론을 그대로 답습한 것이었다.

대구지역의 대표적인 자본가로 1910년대 비밀결사단체인 조선국권회복단에 참가하기도 했으며, 1920년대 초 대구청년회·대구구락부를 조직해 문화운동을 지도했던 서상일은 청년회의 부서 조직 가운데 하나인 산업부의 활동으로 산업조합을 조직할 것을 주장했다. 또한 천도교 계열의 김기전金起田 역시 농촌산업 개선을 위한 방안으로 산업조합 설립을 제안했다. 그리고 조선물산장려회 이사로 활동했고, 민족주의 좌파 노선을 견지한 이순탁李順鐸도 경제발전책의 하나로 상권商權을 회복하기 위해서는 산업조합 사상을 보급해 대도시는 물론 소도시까지 산업조합을 설립하는 것이 급선무라고 했다. 즉 산업조합에서 필요한 물품을 염가로 분배해 사용하게 하면 폭리를 취하는 상인을 배제하고, 외국인을 시장에서 몰아낼 수 있으므로 우리 시장을 회복시킬 수 있을 것이라고 했다. 또 산업조합 설립운동은 서상일의 주장처럼 청년회·구락부 등이 주도해야 한다는 방안을 제시했다.

1920년대 후반에 이르러 민족주의운동의 양상이 전반적으로 변화하는 가운데 협동조합론에 대한 인식은 심화되어 갔다. 서구의 협동조합을 모방해 원래 협동조합의 취지와 목적에 기초한 협동조합운동이 전개된 것은 1926년 동경유학생들이 조직한 협동조합운동사였다. 같은 해 6월 13일 일본 동경의 대학 및 전문대학에 재학중인 전진한錢鎭漢을 비롯해 이시목李時穆·함상훈咸尙勳 등 유학생 100여 명은 와세다대학 스코트홀에서 협동조합운동사 창립총회를 개최했다. 이들은 협동조합운동의 취지를 선전하기 위해 월간 『조선경제』를 발간하였다. 이후 1928년 3월 협동조합운동사 본부를 서울로 이전했다.

협동조합운동사는 점차 발전해 각지에 수십 개의 조합이 설립되었

| 안희제가 자력사를 설립하고 발간한 잡지 「자력」

다. 그리하여 조합 상호간의 연락과 경영상의 편의를 제공하고 발전을 도모하기 위해 1928년 4월 협동조합경리조합은 설립했다. 협동조합경리조합 이사장은 안희제, 상무이사 전준한·유영복劉永福, 이사 이경희李慶熙·김용채金用采, 고문은 전진한이었다.

이 시기 안희제는 '자력사自力社'라는 잡지사를 경영하고 있었으며, 이후 『중외일보』 사장을 역임했다. 1931년에는 자본금 2만 5천 원으로 경북 봉화에 춘양목재주식회사를 설립해 이사로 활동하다가 만주로 망명했다.

협동조합경리조합 상무이사 전준한과 유영복은 협동조합사 간부를 역임했다. 이사 이경희는 교남교육회·신민회·조선노동공제회, 1923년에는 의열단 활동에도 관여했으며, 1927년에는 신간회 대구지회장으로 활동했다. 그리고 이사 김용채는 1931년 안재홍이 사장으로 있을 당시 조선일보 동경지국장을 역임했다.

9
중외일보 사장에 취임해
날카로운 항일 필봉을 휘두르다

안희제의 최초 언론활동으로는 1911년 러시아로 망명해 블라디보스토크에서 최병찬崔秉瓚과 함께 『독립순보獨立旬報』를 간행했다는 기록이 있으나 아쉽게도 이를 확인할 수 있는 자료는 발견되지 않는다.

안희제는 『동아일보』 창립 발기인 78명 중 한 사람으로 참여했다. 『동아일보』 창립 발기인 명단에는 안희제를 포함해 최준·이종화·정재원·김시구·윤병호·윤상은·문상우·허걸·윤현태·문영빈 등 백산무역주식회사 중역들이 다수 눈에 띈다.

『동아일보』 창립 발기인 78명의 출신은 어느 한 지역에 편중된 전국 13도의 지식인과 자산가들이 참여한 것이었다. 안희제는 1921년 6월까지 『동아일보』 부산지국을 경영했는데, 이것으로 보아 그는 언론에 남다른 관심을 가졌던 것으로 보인다.

창간 초기 『조선일보』와 『동아일보』의 지국 운영은 단순히 신문 판매만을 목적으로 한 것은 아니었다. 지방의 유력인사들은 해당지역의 신문 판매와 취재를 아울러 담당했으며 지국 경영자는 유력인사로서 각

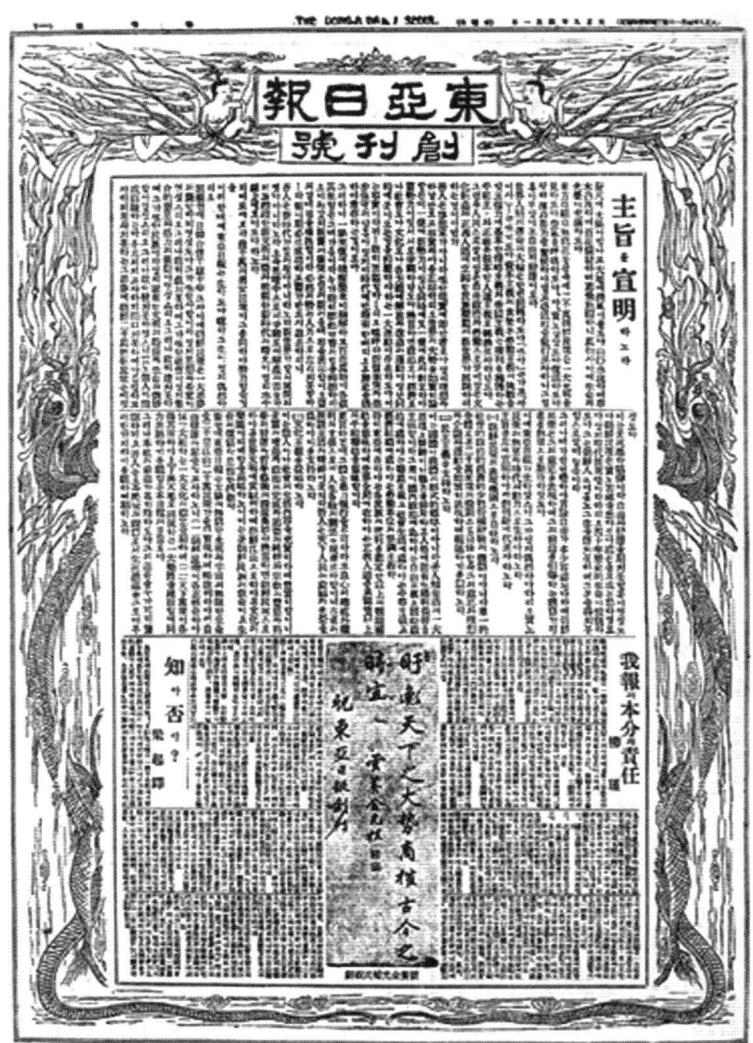

| 『동아일보』 창간호(1920. 4. 1). 안희제는 동아일보 창립 발기인으로 참여했다.

지역 민족운동의 중심인물이었다. 『동아일보』의 경우 안희제가 부산지국을 맡아 경영했고, 대구지국장은 서상일, 평양지국장은 이덕환李德煥·김성업金性業 등이었다. 기자들 상당수도 지방 민족운동에 앞장선 인물들이었다. 신문사 지국은 민족운동의 지방조직으로서의 성격이 짙었다.

『동아일보』 평양지국을 경영한 이덕환은 신민회 회원으로, 평양지방 민족운동의 유력한 지도자로 활약했다. 대구지국을 경영한 서상일은 1909년 안희제 등과 함께 대동청년단을 조직해 만주와 러시아 등지에서 활동했고, 3·1운동 이후에는 대구에서 활동하면서 백산상회 주주로도 참여했다. 서상일은 1923년 7월부터 『동아일보』 대구지국장을 맡아 『동아일보』가 폐간되던 1940년까지 17년간 대구지국을 경영했다. 김성업은 1924년 5월 『동아일보』 평양지국장을 맡아 1937년 수양동우회修養同友會사건으로 투옥될 때까지 13년간 평양지국을 운영했다.

안희제가 『동아일보』 부산지국장을 그만 둔 후인 1926년 8월 부산에서 일본인이 6살짜리 어린이의 몸에 독약을 바르고 6시간 동안 기둥에 묶어 폭행한 사건이 발생했다. 어린이가 일본인의 오이밭에 들어가 오이 한 개를 땄다는 이유에서였다. 이 사건이 알려지자 부산시민 6천 여 명은 시위를 벌이고 성토강연회를 개최해 시민 33명이 경찰에 구속되고, 순사 3명이 중상을 입었다. 구속된 사람 중에는 기자도 포함되어 있었는데, 안희제는 이들의 석방을 위한 교섭위원의 한 사람으로 활동했다.

안희제는 1929년 9월 1일 중외일보사 사장에 취임하면서 신문사를 직접 경영했다. 『중외일보』의 전신은 『시대일보』로 최남선崔南善이 1924년 3월 31일 창간한 신문이었다. 최남선은 3·1운동으로 투옥되었다가

| 『중외일보』 사옥터(서울 종로구 화동)

| 『동명』

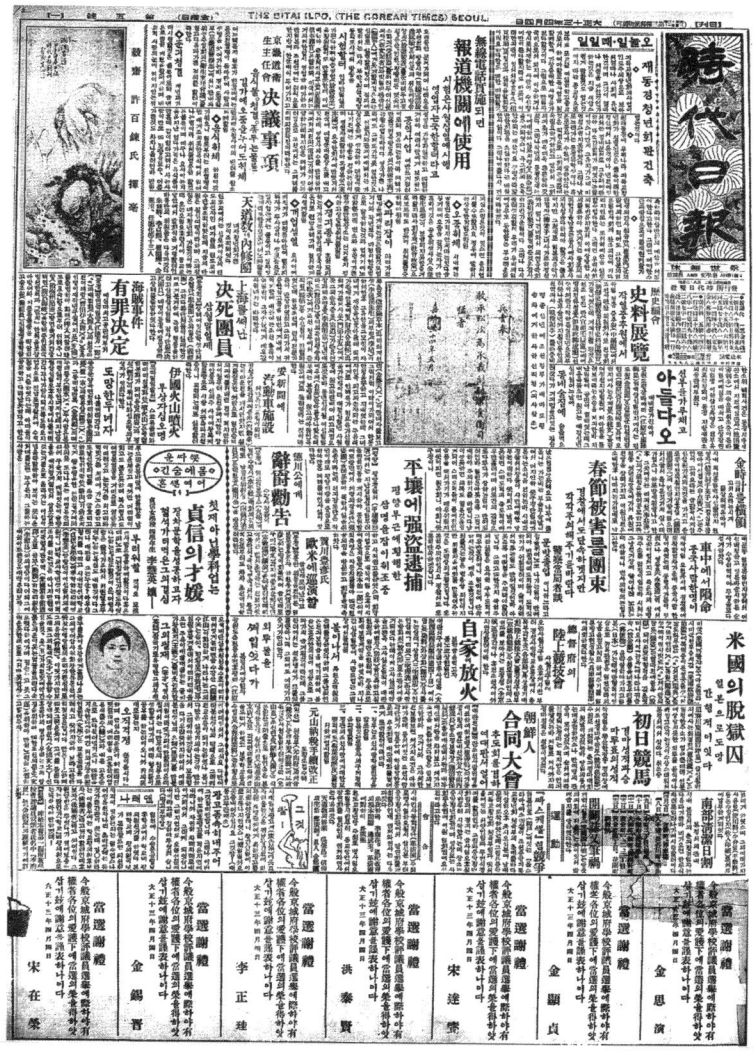

「시대일보」는 「중외일보」의 전신으로 1924년 3월 31일 최남선이 창간하였다.

출옥한 뒤 1922년 9월 3일 주간지 『동명東明』을 창간했는데, 다음 해 6월 3일까지 통권 41호를 발간한 후 발행을 중단하고 『시대일보』를 창간했다.

『시대일보』는 편집과 내용이 참신해 독자들로부터 좋은 반응을 얻었다. 그러나 최남선은 시대일보사 경영에 소요되는 막대한 자본을 지속적으로 투자할 수 있는 재정능력이 없었다. 신문은 구독료와 광고료가 주된 수입원인데 구독자는 제한되어 있었으며, 당시 경제상황에서는 광고 유치도 어려웠다. 『시대일보』보다 4년 앞서 창간된 『동아일보』의 경우 김성수金性洙의 재정적 뒷받침으로 운영에는 어려움이 없었으나, 『조선일보』도 경영난으로 여러 차례 경영주가 바뀌는 진통을 겪었다.

최남선은 경영난을 타개하기 위해 『시대일보』 창간 2개월 후인 6월 2일 보천교普天敎에 발행권을 넘긴다는 조건으로 재정 지원을 받기로 계약을 맺었다가 사회적 물의를 빚게 되자 경영 일선에서 물러났다. 보천교는 차경석車京錫이 강일순姜一淳을 도조로 일제강점기에 세운 증산교 계통의 종교로 사교邪敎 집단이었다.

최남선의 후임으로 홍명희洪命憙가 시대일보사 사장에 취임했다. 그러나 역시 경영난 타개엔 실패해 1926년 8월 중순까지 발간한 후 중단되었다. 이와 함께 무한책임사원 전원이 사퇴함에 따라, 2년 5개월 만에 『시대일보』는 종간되고 말았다.

이후 1926년 9월 18일 이상협李相協이 『중외일보中外日報』라는 제호로 변경해, 조선총독부로부터 발행 허가를 받았다. 그는 시대일보사의 인원과 시설을 인수해 같은 해 11월 15일 『중외일보』를 창간하는 형식으로 지령을 1호부터 시작했다. 『중외일보』의 발행인 겸 편집인은 이상협, 인쇄인은 김정기金正琪였다. 이상협은 신문의 편집과 경영에 뛰어난 재능을 발휘해 신문 제작의 '귀재鬼才'로 알려진 인물이었다.

| 이상협

1912년 매일신보사에 입사한 이상협은 1914년 『매일신보』 연파주임軟派主任을 거쳐 1918년 9월 18일 '발행인 겸 편집인'이 되었다. 1920년에는 『동아일보』 창간 당시부터 초대 편집국장으로 신문의 체제를 잡는 등 핵심적인 역할을 하다가 1924년에는 그를 따르는 직계 기자들과 함께 『조선일보』로 옮겨 '혁신 조선일보'를 만들었다. 그러다가 1925년 『조선일보』가 정간 당하자 독자적으로 『중외일보』를 경영하기에 이른 것이다.

이상협은 그동안의 경험을 바탕으로 『중외일보』 제작에 몰두해, 여러 가지 참신한 아이디어로 새로운 시도를 했다. 한국이 농업국이라는 사실에 착안해 농촌지역 독자들을 대상으로 「농업란」을 신설해서 좋은 호응을 얻기도 했으며, 바둑과 장기대전 기사를 게재해 오락적 취향으로 기울었다는 일부의 비판도 받았으나, 새로운 독자 개발 측면에서는 성과를 거두었다.

또한 '가장 값싸고 가장 좋은 신문'을 표방하며, 1일 6면 발행에 1개월에 1원인 『동아일보』와 『조선일보』 구독료에 맞서, '1일 4면·1개월 60전'이라는 파격적인 염가정책으로 경쟁했다. 그러나 중외일보사가 경영난으로 어려움을 겪던 와중에 1928년 12월 6일자 「직업화職業化와 추화醜化」라는 논설이 문제가 되어, 발행정지 처분을 받게 되었다. 42일

만인 1929년 1월 18일 정간이 해제되었으나 같은 해 2월 12일에야 속간되었다.

속간 자금은 금광개발을 통해 갑부가 된 김태원金台原이 안희제의 제의로 지원했다. 김태원은 백산상회 시절부터 안희제를 물심양면으로 지원한 인물이다. 한편 『중외일보』가 속간되자 마산의 재벌 이우식李祐植이 실질적인 소유주로 등장했다. 이우식은 경남 의령 출신으로 안희제가 설립한 백산무역주식회사 대주주이기도 했다.

1929년 9월 1일부터 중외일보사가 자본금 15만 원의 주식회사로 전환하면서 안희제가 사장에 취임했다. 부사장은 이상협이였고, 최윤동崔胤東·임유동林有棟·이진만李鎭萬 등이 경영을 맡았으며 상무 겸 편집감독은 임유동, 편집국장에는 민태원閔泰瑗, 영업국장은 최윤동이 맡았다. 그리고 논설위원으로는 이정섭李晶燮·이시목李時穆·김형원金炯元, 정치부장에 이윤종李允鍾, 사회부에는 서범석徐範錫·정인익鄭寅翼·신경순申敬淳·이태준李泰俊·홍종인洪鍾仁·이상호李相鎬·임인식林仁湜 등이 기자로 있었다. 학예부에는 최학송崔鶴松·최상덕崔象德·이하윤李河潤, 부인부에는 김말봉金末峰 등의 문인도 참여했다.

'3대 민족지' 중 하나인 『중외일보』 사장에 취임한 안희제는 '취임에 제際하여'라는 9월 2일자 사설에서 신문의 사명과 신문경영자의 책임에 대해 다음과 같이 강조했다.

> 우리 중외일보사의 기초를 공고하게 하는 중대한 제1계단으로서 새로이 경영 주체의 법인 조직을 완성하고, 금 9월 1일로써 사무의 개시를 보기

에 이르렀음은 사운社運의 진전을 위하여 스스로 흔쾌欣快하는 바이다. 동시에 새로이 진용을 정비한 우리『중외일보』가 사회에 공헌해야 할 책임을 수행함에 있어서 보다 유력하게, 보다 정예精銳한 능력을 유有하기에 이르렀음은 만천하의 독자 제위와 함께 보다 사계진운斯界進運을 위하여 경하해야 할 것이다.

우리 사무社務 갱신의 때를 당하여 여余는 비재박식非才薄識으로써 사장의 중임에 취就한다. 스스로를 돌아보건대 과거의 경력은 사계斯界의 문외한이요, 장래의 포부도 또한 긍지로 삼을 자신도 없어 오직 공구恐懼와 참괴慙愧와를 느낄 뿐이다. 그러나 여余의 부족한 점에 대하여서는 다행히 동인同人 제군의 보좌편달輔佐鞭達이 있고, 여도 또한 비록 부재不才하다고는 하되, 사회와 민족에 대한 일편一片의 신념은 결코 인후人後에 떨어지지 않을 것을 자신하여 공공의 이익을 위해서는 일신一身을 희생함에 인색하지 않을 결심이 서 있다.

이제부터는 오로지 성의와 노력을 경도傾倒하여 우리『중외일보』로 하여금 그 사회적 직능職能을 유감없이 발휘하게 하여, 그 기초의 공고안태鞏固安泰를 증진시키는 일에 분려정진奮勵精進코자 한다.

현대 사회에 있어서의 신문으로서의 커다란 사명은 실로 중대하고 이 복잡다단한 세상에 처하여 오인吾人으로 하여금 능히 동정動靜의 양면을 소상昭詳케 하고, 나아가서는 이에 순응해야 할 길을 지시한다는 것은 실로 신문의 책임이다. 세인世人이 신문을 가리켜 사회의 목탁木鐸이라 하고, 등대燈臺라 하고, 내지는 미진迷津의 보벌寶筏로서 부른다는 것은 결코 일미溢美의 찬사라고만 보아서는 안 되는 동시에 신문의 경영자도 또한 이 중

대한 책임을 감득感得하여, 멀리는 세계풍조世界風潮의 추향趨向과 국제 세력의 융체隆替와 가까이는 목전생활目前生活의 대소파란大小波瀾에 이르기까지 가장 민감하게, 가장 심각하게 반영反映 시킴과 동시에 아울러 거기에 처해야 할 진로의 지시를 올바로 하지 않으면 안 된다. 이는 여의 취직에 제하여 공구恐懼의 감感을 금치 못하는 바이며, 또한 장래에 노력하고자 하는 목표도 또한 여기에 있는 것이다.

신문의 사명은 이러한 것이다. 따라서 그 기관機關은 언제나 사회의 공기公器로서 존재하지 않으면 안 되는 것이며, 그 공기公器의 관리 경영을 하고자 하는 자도 또한 이 정신을 몰각沒却하지 말아야 하는 것이다.

공공公共을 위하여 존재하는 기관을, 공공을 위하여 관리 운전管理運轉한다는 일편一片의 공심公心이야말로 사회인의 생명의 생명이 아니어서는 안 되는 것이며, 이 공심公心의 망각은 곧 사회인으로서의 자살 행위가 아니어서는 안 된다. 이에 오인吾人은 이 공심公心과 이 성의와를 토대로 하여 새로이 정비한 기관에 의하여 소기所期의 목표를 달할 수 있을 때까지 국궁진췌鞠躬盡瘁 하리라는 것을 천하를 향하여 약속하는 동시에 독자 제씨께서는 또한 이것이 사회의 공기公器임을 생각하여 변함없는 편달과 지도로써 권애眷愛와 보호 있기를 희망하는 바이다.

안희제는 취임사에서 자신이 신문에 관해 아는 바는 없지만 사회와 민족에 대한 신념은 결코 누구에게도 뒤떨어지지 않을 것을 다짐하고, 공공의 이익을 위해서는 일신의 희생을 다할 결심으로 『중외일보』의 경영을 맡았다고 공언했다. 그는 언론기관은 언제나 공기公器로서 존재해야 하며, 관리경영자도 이러한 정신을 잊어서는 안 된다면서 신문 경영자로서의 자세와 자신의 각오를 천명했다.

중외일보사에는 시대일보사에서 근무하던 기자들이 다수 있었다. 그러나 주식회사로 전환한 이후 사원 수가 갑자기 늘어나 경영에 큰 부담이었다. 그러나 안희제는 경영난으로 인한 소극적인 경영을 탈피하고, 적극적인 영업정책을 취했다.

안희제가 중외일보사 사장에 취임한지 얼마되지 않은 1929년 9월 12일부터 조선박람회가 개최되자, 그는 매일『중외일보』2만 부를 배포했다.『중외일보』를 선전하기 위해 대량으로 배포한 것이었다. 또 야심적인 영업정책으로써 다른 신문이 성공하지 못한 1일 2회 조석간朝夕刊 발행을 시도했다.

아울러 1929년 9월 17일자(제973호)부터는 대대적인 '사고社告'를 실어, 9월 26일자(제982호)부터 한국 신문사상 최초로 조석간 4면씩 하루 8면 발행을 선언해 언론계에 일대 파문을 불러 일으켰다.

이에 앞서 1924년 11월 23일부터『조선일보』가 조석간제를 실시해, 조간 2면 석간 4면을 발행했으나 오래가지 못하고 중단되었고,『동아일보』도 1925년 8월 조석간 발행을 시행했다가 며칠 만에 환원한 일이 있었다. 그러나 1929년 안희제가 사장으로 취임하면서『중외일보』가 조석간 8면제를 실시하자, 이에 자극 받은『동아일보』는 석간 6면을 발행하다가 같은 해 9월 20일부터 지면을 8면으로 늘렸고,『조선일보』도 같은 해 10월 1일부터 8면으로 증면하면서,『중외일보』·『동아일보』·『조선일보』3개 신문의 경쟁은 치열해 졌다.

〈표 8〉 조선총독부에 압수된 『중외일보』 기사

년	월일	기사 제목
1929	9. 8	난마(亂麻)와 같이 착잡한 관계사건의 내용
	9. 25	전모(某) 고관이 관련된 사기사건 본격화
	9. 26	겁나는 문구를 나열 종로서 자주 협박
	10. 1	숫자관념을 양성하라(기고 ; 유전)
	10. 3	안국동 방면에 잠적한 청연 2일 조(朝) 서린동에서 체포
	10. 8	군사행동 모반자 국민군 ○○군 총살 계엄령 선포
	10. 9	고려공산당원 고(高)모 검거시 단도 자살 미수
	11. 1	전 기사가 해당됨
	11. 7	귀향학도까지 속속 검거
	12. 7	소학생의 충돌
	〃	제1고보 3·4년생 오늘 아침 돌연 동요
	12. 8	기마경관과 정복대(正服隊) 화동요처를 포위 경계
	12. 13	시내 21개교 사정에 의해 방학
	12. 14	오늘 새벽부터 전시경관(全市警官) 총출동
	12. 19	모지(某地) 의옥사건의 모 대장 필경기소
	〃	경찰검거 15만에 공판회부 불과 4만
1930	1. 10	송도·호수돈 양교 만세 고창 대시위
	1. 16	학생운동에 대한 척무(拓務) 당국자 견해
	1. 19	오산학생 동요로 경관이 부상 입원
	1. 21	공주학생 자살에 정목서장의 변해
	1. 22	천여 명 전매국 남녀공 총파업 계획 발각
	〃	학생 만세사건 기사
	2. 21	광주학생사건 공판에 관한 사진과 그 설명

년	월일	기사 제목
	〃	근우회 허정숙 등 공판에 관한 사진
	2. 21	재판장 심문 시작 전에 피고 등 입장 설명
	〃	신의주 고보 분규 점(漸) 악화
	2. 28	금지받은 웅변회장에 군중이 자유등단 열변을 토하다
	3. 11	현대 조선의 일대 풍운아, 여운형의 예심 금일로써 드디어 종결
	〃	〃 제2호의 앞의 기사와 동일
	3. 12	「반사경」란
	〃	사회단체 주최 출옥동지 환영
	3. 23	제4차 공산당 관계자의 사진
	3. 27	부흥제를 거행한 동경(사설)
	3. 30	협잡단체 '자치회' 동포에게 금전 강징
	4. 9	5월 1일 노동제일(勞動祭日)에 전조선 일제 맹파를 기도
	4. 18	동아일보 정간(사설)
	5. 15	김모 등 47명 명일에 예심 결정
	6. 16	법원구내 섰다고 두 부녀를 무수구타
	6. 23	3조건 승인은 허언
	6. 26	전주 3단체 연합으로 전북지 폐간을 요구
	7. 23	단천 민요(民擾)의 중대 원인은 삼림취제의 가혹에
	7. 25	군수는 월장(越牆)도주 경관대는 방총(放銃)
	〃	13시체 운반
	8. 12	100도 내외 혹서 중에 재감수를 재갈 먹여 방치
	〃	정평에 또 소란극
	〃	경관대는 발포수사 중
	〃	「축음기」란(蓄音機欄)

『중외일보』 압수삽화

한편 『중외일보』는 안희제가 경영을 맡기 이전인 1928년에 한 차례의 정간을 당했다가 1929년 2월 12일 복간한 상황이었다. 안희제가 사장에 취임한 직후인 1929년의 시대 상황은 '제3차 조선공산당(ML당) 사건' 공판이 있었으며, 11월 3일에는 광주학생운동이 일어나 전국적으로 확산되고 있었다. 그러나 이에 대한 보도는 철저히 금지되었다.

'조선공산당 사건'은 1928년 2월 2일부터 32명을 검거하기 시작했으나 보도를 철저하게 통제했다가 693일 만인 1929년 10월 28일 예심이 종결되자 보도금지를 해제했다. 11월 3일 발생한 광주학생운동 역시 보도를 금지했다가 2개월이 지난 후인 12월 28일경에야 보도금지를 해제했다. 이와 같이 언론통제가 극심했던 시기에 안희제는 신문경영의 책임을 맡았던 것이다. 안희제가 사장으로 재임하던 시기에 조선총독부에 압수된 『중외일보』 기사는 〈표 8〉과 같다.

당시 조선총독부의 신문기사 압수는 『중외일보』뿐만 아니라, 『동아일보』와 『조선일보』도 마찬가지였다. 『중외일보』 압수기사 가운데 일제의 식민통치를 강도 높게 비판한 대표적인 기사를 소개하면 다음과 같다.

○「경찰검거 15만에 공판회부 불과 4만」(1919. 12. 19, 일제의 사법권 남발로 인한 인권 침해를 숫자를 들어 비판한 기사)

　문명국에서는 사법권 발동이나 경찰권을 시행함에 있어 신중한 태도를 취한다. 일본에서도 사법관이 민권과 인권을 존중하는 경향이다. 그러나 조선에서는 경찰과 검찰 모두 관념조 혐의가 있으면 즉시 검거, 인치, 구인 등의 수단으로 사법권을 남발하고 있다.

○「신의주 고보 분규 점漸 악화」(1930. 2. 21, 홍종인을 특파해 취재한 기사, 이 날자 신문에서는 3건의 기사가 압수당했다)

　신의주 고보 학생들의 일인 선생을 배척하는 운동으로 분규가 시작되었는데, 학교당국이 돌연 학생 10여 명의 퇴학을 명하자 학생들이 선생을 끌어내어 구타하고 수업을 거부하는 등 악화일로에 있다.

○「현대 조선의 일대 풍운아, 여운형의 예심 금일로써 드디어 종결」 (1930. 3. 11)에서는 상해에서 독립운동을 하던 여운형이 일본 관헌에게 잡혀 조선으로 송환되어 예심종결을 받게 되자, 여운형을 '국제적으로 반제국주의 운동에 앞장섰던 풍운아'로 묘사하면서 그의 행적을 상세히 소개하는 호외號外를 발행했으나 압수당했다. 당시 국내에서 가장 높은 관심을 끌었던 인물이자 '극동정국政局의 측면사'라고 할 수 있는 여운형의 삶과 극적인 활동을 상세히 기술한 기사였다.

○「부흥제復興祭를 거행한 동경」(1923. 3. 27 사설)은 1923년 발생한 동경 대지진의 파괴를 수습한 뒤 새롭게 탈바꿈한 동경에서 거행된 부흥제

를 소개하면서 당시 지진피해로 희생된 조선인을 추모한 논설이다. 논설의 마지막 부분은 다음과 같다.

동경에서 부흥의 제전이 거행됨을 듣고 영원히 부흥될 길 없는 불쌍한 동포를 생각하며, 당시의 놀랍던 소식을 회고하고 오인은 만곡萬斛의 열루가 솟아남을 느끼는 자이다.

○「동아일보 정간」(1930. 4. 18 사설) 1930년 『동아일보』는 '창간 10주년'을 맞아 외국 명사들의 축사를 실었다. 이 중 4월 16일자에 미국의 진보적 주간지 『네이션』의 주필 '빌라즈'가 보내 온 축사「조선의 현상 밑에 귀보貴報의 사명 중대」라는 글을 실어 『동아일보』는 발행정지 처분을 당했다. 이에 『중외일보』는 사설에서 "2년이 못 되는 동안에 조선총독부에서 3개 민간지 모두에 발행정지 처분을 내린 것은 문화통치를 내세우는 조선총독부의 주장과는 완전히 모순되는 처사"라고 비판했다.

이후 『중외일보』는 조선총독부 경무국에 여러 차례 압수 처분을 받았다. 1928년에는「세계일주 기행, 조선에서 조선으로」가 문제가 되어 발행인 겸 편집인 이상협과 기행문 필자 이정섭李晶燮이 기소되는 필화사건이 발생했으며, 같은 해 12월 6일자 사설「직업화職業化와 추화醜化」로 인해 두 번째 필화사건이 발생해 무기정간 처분을 받기에 이르렀다.

이에 대해 조선총독부 경무국이 발행한 『조선에 있어서 출판물 개요』에서는 다음과 같이 쓰여 있다.

『중외일보』 1928년 12월 6일자 사설 「직업화와 추화」를 문제 삼아 조선총독부는 정간처분을 내렸다.

1926년 11월 15일부터 『중외일보』로 새로이 발행허가를 얻어 발행하기 시작한 후, 발행일자가 일천日淺함에도 불구하고, 1928년 12월까지의 사이에 행정처분行政處分을 받기 실로 63회, 사법처분司法處分을 받기 1회에 이르고, 특히 동지同紙는 혹은 문예난이나 사회 시사보도를 빌어 '학교투쟁學校鬪爭' 등의 자구字句를 들어, 학생은 학교 내에 있어서 서로 투쟁을 쌓아 나가도록 가르치고 …… 뿐만 아니라 일반적으로 그 논조는 총독의 시정을 비난·공격하고, 세계 약소민족의 독립운동을 빙자하여 조선이 독립을 하지 않으면 안 된다는 것을 풍자하고, 매사를 편견과 중상을 바탕으로 한 집필을 감행함으로써 멋모르는 민중으로 하여금 총독정치를 오해하게 하였다.

안희제는 중외일보사 사장에 취임한 이래 많은 노력을 기울였으나 재정 악화로 인한 경영난은 극복하지 못했다. 운영자금을 마련하기 위

| 『중앙일보』 발간에 대한 각계 인사들의 격려사

| 중앙일보사 건물

해 동분서주하며 동지들이 제공한 토지문서를 담보로 높은 이자를 주고 빚을 얻기도 했으나 '조석간 8면'으로 시작된 여타 신문사와의 경쟁으로 재정이 더욱 악화되어 1년여 만에 그는 경영 일선에서 물러나고 말았다.

그 후 안희제는 1930년 2월 5일자로 『중외일보』의 '발행인 겸 편집인'을 맡았다. 그러나 재정난으로 인해 같은 해 10월 14일자까지만 발간하고 자진휴간에 들어갔다. 이후 1931년 2월 15일(제1366호) 김형원金炯元 등 사원들의 노력으로 속간했으나 재정난 타개에 실패했다.

결국『중외일보』는 더 이상의 재정난을 견디지 못하고 1931년 6월 19일 지령 1,492호를 종간호로 해산하고 말았다. 이에 같은 해 10월 14일 김찬성金贊成이 제호를 '『중앙일보中央日報』'로 개제하고 조선총독부로부터 발행허가를 받았다. 사장은 노정일盧正一이 맡았으며 안희제는 고문으로 물러나게 되었다.

1931년 11월 26일 중앙일보사는 화동 183번지에서 견지동 60번지로 사옥을 이전하고 전 조선도서회사 자리에서 새롭게 출발했다.『중앙일보』는『중외일보』의 지령을 계승해 1,493호로 시작했으며, '석간 4면'으로 발행했다. 이후 안희제는 언론활동의 일선에서 물러났다.

10
국외독립운동기지로 발해농장을 경영하다

『중외일보』를 통해 언론투쟁을 전개했던 안희제는 일제의 탄압과 감시를 받게 되자, 노정일에게 중외일보사를 양도한 후 중국으로 망명할 것을 결심했다. 그는 그간 구상해 왔던 국외독립운동기지 개척을 실현하기 위해 1933년 중국으로 망명해 발해의 고도인 영안현寧安縣 동경성東京城에서 발해농장渤海農場 경영에 착수했다.

발해농장을 건설키로 결심한 것은 김태원과 다각적인 논의 끝에 이루어진 것이었다. 김태원은 안희제가 『중외일보』를 제작하던 시절부터 속간 자금을 지원하는 등 백산상회 시절부터 물심양면으로 지원해 준 인물이다. 안희제 역시 백산상회 시절부터 김태원을 물심양면으로 지원했다. 당시 김태원은 금광 개발을 위해 전국 각지를 탐사해 마침내 경북 봉화군 금정광산을 개발하게 되어 일약 거부가 되었다. 안희제는 김태원과 상의한 결과 만주에서 농토를 개간해 발해농장을 경영하는 한편, 국내에서 농민을 이주시키기로 합의했다.

1931년부터 안희제는 김태원과 함께 동경성에 토지를 구입하기 시작했으며, 1932년에는 목단강 상류의 일부를 석축으로 막아 수로水路를 만들어 광활한 땅을 개간했다. 발해농장에는 남한지역에서 이주한 3백 여 가구를 정착시키고, 자신이 고안한 '자작농창제自作農創制'를 시행했다.

자작농창제란, 이주농민에게 무상분배해 준 토지에서 생산한 곡물의 절반을 수곡收穀하는 대신 다른 지역의 농지 개간과 수로를 개설하도록 하고, 5년 후에는 또 다른 지역의 농토를 개간하고 수로를 개설하게 하는 제도로, 농지 개척과 자작농 육성을 목표로 한 제도였다.

안희제는 이 제도를 통해 만주의 광활한 대지에 수백만 명의 농민을 정착시키겠다는 계획을 세웠다. 이미 국내에서는 독립운동이 불가능해 졌을 뿐만 아니라 독립운동 자금 조달조차 어려워졌고, 대부분의 독립운동지도자들이 국외로 망명 또는 도피해 있었기 때문에 만주를 거점으로 독립운동기지를 건설하고자 했던 것이다. 이주한 농민들에 의한 농지 개척과 수로확장 사업은 1932년부터 지속적으로 이루어져 1935년 현재 농지 규모는 직경 4km를 넘었다.

초기의 이주민은 영남지역 농민이 대부분을 차지했으나, 각지에 흩어져 살던 함경도·평안도·전라도·강원도 출신 농민들도 소문을 듣고 몰려들어 서상무徐相武가 경영하는 금강농장金剛農場과 조두용趙斗容이 경영하는 동만농사주식회사東滿農事株式會社 등의 대규모 농장이 발해농장 몽리구역蒙利區域(관개 혜택을 입는 구역) 수로를 중심으로 속속 건설되었다. 이 외에도 농장 기사까지 채용한 대소 농장들이 날로 늘어갔다.

또한 수로 확장 사업이 매년 계속되어 개별 농장을 잇는 수로의 길이가 16km를 넘었다. 그리고 서로 이어지는 수로에 거대한 수문을 준공

| 발해농장 사무실

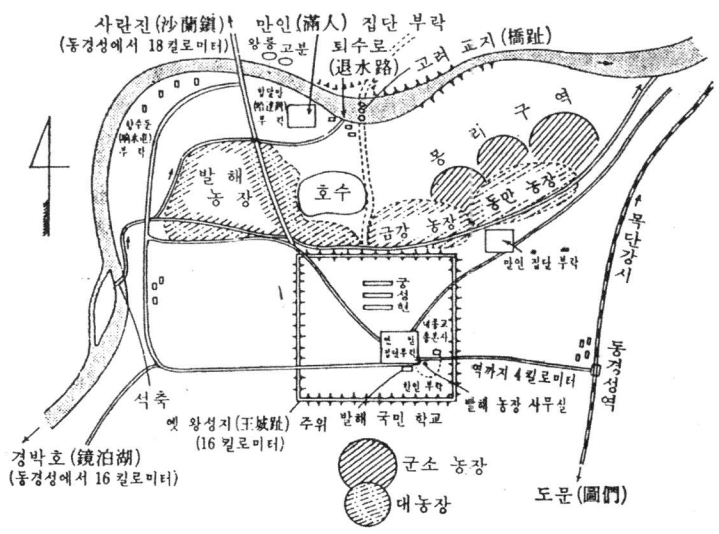

| 발해농장 약도

안희제 123

| 동경성보통학교 제1회 졸업식

해 중국인 수문장을 두어 감시케 했다. 이와 함께 이주농민과 2세들에게 독립운동의 기반이 되는 민족정신과 자주독립사상을 고취하기 위해 동경성 중앙에 발해보통학교渤海普通學校를 설립하고, 스스로 교장이 되어 교육에 정열을 쏟았다. 발해보통학교는 이후 조선인민회로 넘어가 동경성보통학교東京城普通學校로 개칭했다.

이 무렵 안희제는 이주 한인의 지도자로서 또 발해농장의 농장주로서 농지개간사업에 심혈을 기울이는 듯했으나, 사실 이는 국외독립운동기지로서 건설한 발해농장을 은폐하기 위한 방편이었다. 국내에서 망명하거나 도피해 각처에 흩어져 있던 독립운동가들이 동경성으로 모여들자

| 발해농장 수전

| 발해농장 수문 입수 기념. 뒷줄 왼쪽에서 두 번째가 안희제, 앞줄 왼쪽에서 세 번째가 안희제의 4남 상두(1936. 6. 5)

| 발해농장 수문 입수 기념(1936. 6. 5). 왼쪽 두 번째부터 안희제, 만주인 경비대장(손에 권총을 쥐고 있다), 농장 지배인 최관(서일의 사위) 뒷줄 안희제의 4남 상두

안희제는 비밀리에 이들과 연락망을 구축해 갔다.

이후 밀산密山 방면에서 종교인으로 위장해 활동하며 대종교총본사를 동경성으로 이전케 했으며, 대종교 제3세 교주 윤세복尹世復과 아들 윤필한尹弼漢을 비롯한 대부분의 대종교 간부들을 대동청년단에 입단시켰다. 그리고 서일徐一의 유족과 최관崔冠을 농장 지배인으로 삼는 한편, 당시 와룡둔臥龍屯 지역에서 활동하던 중국 마적들과도 비밀리에 교섭을 하는 동시에 항일독립군과 극비리에 연락을 취해 무장투쟁을 준비해 갔다. 발해농장은 표면적으로는 농지개간사업을 하는 농장이었으나, 실제로는 국외독립운동기지였던 것이다.

11
대종교에 귀의하다

　1934년 안희제는 동경성으로 대종교총본사가 옮겨오자, 대종교 3세 교주 윤세복과 아들 윤필한 등 대종교 간부들을 대동청년단에 가입시켰다. 지난 1911년 10월 3일 대종교에 입교한 안희제는 1934년 이후 대종교총본사에서 본격적인 활동을 시작하게 된다.

　1934년 1월 윤세복 교주는 하얼빈으로 가서 일제 만주 침략의 전위기관인 관동군 특무기관·하얼빈 총영사·조선총독부 특파원 등에 만주지역 대종교 포교권布教權 허가를 신청해 승낙을 받았다. 이후 하얼빈 시내에 대종교선도회를 설치하고 영안현 동경성에는 '대종교총본사' 현판을 내걸었다.

　대종교하얼빈선도회가 일본 당국으로부터 포교 허가를 받은 뒤 추진한 사업은 교적教籍을 간행한 일이었다. 교적 간행사업의 섭외활동은 강철구姜鐵求가 맡았고 안희제는 재정을 담당했다. 1939년 7월 강철구는 만주국 신경시新京市(현재 長春) 정부의 승인을 얻어 교적 간행회를 조직했다.

　안희제는 적지 않은 교적 간행성금을 내는 한편, 성금을 모아 이듬해인 1940년 연길현延吉縣에서 『홍범규제弘範規制』 5백 부, 『삼일신고三一神誥』 2천 부, 『신단실기神檀實記』 1천 부, 『종례초략倧禮抄略』 2천 부, 『오대종지강연五大宗旨講演』 3천 부, 『종문지남倧門指南』 2천 부 합계 1만 5백 부를 출판할 정도로 열성적이었다. 그리고 1941년에는 서울에서 신가집神歌集 『한얼노래』 4천 부를 출판할 정도로 열성적이었다. 신가집은 화동花洞의 이극로李克魯 집에 감추어 두었다가 해방 후 앗으나, 만주에서 출판한 1만 5백여 권의 교적은 1942년 임오교변 당시 일본 경찰에 압수당하고 말았다. 당시 대종교서적간행회의 발족 취지문·약관·성금록은 다음과 같다.

대종교서적간행회 발족 취지

교화敎化를 보급케 함에는 반드시 문자의 힘을 시뢰是賴할 것이다. 이제 대교부흥기大敎復興期에 당當하야 만구동성萬口同聲으로 종경 요구倧經要求가 날로 높은 터이다. 이 요구를 수응酬應함은 무엇보다도 대교 발전상 최대급무일 것이다.

이것을 절감하는 우리는 징성박력徵誠薄力을 불원不願하고 교적간행회를 발기한다. 또 본회사업의 확충擴充됨을 꾀하여, 먼저 좌개약관左開約款으로써 약속한다.

따라서 한배검의 특별하신 사랑 가운데서 본무本務를 다하고자 하는 형제자매들의 많은 동정을 바라고 바라는 바이다.

약관

제1조 대종교서적간행회는 자립적 식본주의殖本主義로써 본회 목적을 수

행할 것.

제2조 본회 자금은 매주每株 10원씩인 주금株金을 모집하되, 발기인만은 10주 이상으로 출자할 것.

제3조 주금 모집기는 조직일로부터 1개년으로, 사업진행기는 5개년으로 정할 것.

제4조 응모 주금은 1개월 내에 1회 불입할 것.

제5조 현금으로 100주 이상 모집될 시는, 교적 간행에 착수할 것.

제6조 출판 허가와 판매 방법은 총본사 지도하에서 협의 진행할 것.

제7조 본회의 규칙 제정 혹 수정과 간부선거는 조직회 또는 총회에서 행할 것.

제8조 본회 조직일은 이번 개천절開天節로 정할 것.

개천 4396년 을묘乙卯 8월 27일

발기인 : 안희제 · 이현익 · 최관 · 서윤제 · 안도윤 · 김영숙 · 변성식 · 장도순

대종교서적간행회 출자금 및 찬성금록

○출자금

10고股 : 안희제 · 이현익 · 최관 · 서윤제 · 안도윤 · 변성식 · 김영숙 · 장도순 · 장호문 · 강철구

5고 : 김백련 · 여종률

3고 : 이재유 · 최세남 · 김종수 · 최병욱

2고 : 이용태 · 양현 · 고재봉 · 이동호

1고 : 유선정 · 김두천 · 이수원 · 오근태 · 강란위 · 이대성 · 윤정현 · 정순

조·조운빈·정상은·이여익·탁시견·김태호·최익항·안용수·이정춘穆·이창언·이희춘·이기준·우대영·심시택·권중락·권상목·방낙주·허동환·김익형·김정팔·박순·심택연·허민화·최윤·김상호·김동욱·현창순·김상오

계 55인, 165고, 1650원

○찬성금

10원圓 : 김두종

5원 : 한상우·김규형·이일주·이기현·성춘식·전태익·지원식·최두남

3원 : 최흥서·김용학·지세훈·이항은

2원 : 권상익·방용우·조정기·최문수·권종덕·김병세

1원 50전錢 : 길형식

1원 : 서웅석·김정환·박용규·오정수·이재원·김진호·홍봉철·김창수·윤봉훈·이희영·이종천

계 31인, 85원 50전

회장   안희제
총무   강철구
간사   이용태·이동호

안희제는 1934년 3월 15일 영계靈戒, 1935년 1월 15일 참교參敎, 1936년 6월 23일 지교知敎와 경의원經議院 부원장, 1941년 상교尙敎로 승진했으며, 서적간행회 회장에 임명되었다. 대종교 교직자의 서열은

1911년 '교직敎職'이라 불렸는데, 이후 '교질敎秩'이라는 용어로 정착되어 현재에 이르고 있다. 참고로 '교질'은 교력敎歷을 나타내는 영전榮典으로써, 사교司敎·정교正敎·상교尙敎·지교知敎·참교參敎의 서열로 되어 있다.

당시 서적간행회에서 출판된 서적은 『홍범규제弘範規制』·『삼일신고三一神誥』 등 8종류로 발행부수가 3만 5천 부 정도였고, 매년 4회에 걸쳐 『교보敎報』도 간행했다.

| 대종교 「교보」

1942년 3월 대종교총본사에서는 발해 고궁지에 천진전天眞殿(단군전) 건축을 추진했는데, 안희제는 4월 신병 치료를 위해 귀향해야 했다. 하지만 그는 10월에 천진전건축주비회 총무부장에 임명되어, 그 해 10월 3일 개천절에 동경성에서 국내외 각지에서 많은 교우들이 모인 가운데 개천절 경축식을 거행했다. 그리고 임시협의회를 개최하고 천진전 건축준비 사무를 협의했다.

그러나 대종교의 교세가 나날이 확장되어 민족의식 고취 및 독립운동세력으로 발전하자, 이에 위협을 느낀 일제는 1942년 11월 19일 국내외 대종교 간부들을 체포·탄압했다. 이에 21명의 간부가 체포되었으며, 그 중 10명이 순국했다.

12
임오교변으로 순국하다

한민족독립운동사에서 대종교·천도교·기독교·불교 등 종교계가 중요한 역할을 한 것은 간과할 수 없는 사실이다. 그 중에서도 특히 단군신앙을 바탕으로 한 민족종교인 대종교는 일제침략에 대항한 투쟁에서 괄목할 만한 업적을 남겼다. 이는 한민족독립운동의 구심체로서 역할한 대부분의 독립운동 지도자들이 대종교 교도였다는 사실만 보아도 대종교가 독립운동선상에서 차지하는 위상을 가히 짐작할 수 있다. 대종교 중심인물은 제1세 교주 나철羅喆, 제2세 교주 김교헌金敎獻과 함께 대종교 삼종사로 불리우는 서일徐一이다. 이 외에도 제3세 교주 윤세복尹世復을 비롯해 이동녕李東寧·신규식申圭植·이상설李相卨·김두봉金枓奉·박찬익朴贊翊·박은식朴殷植·신채호申采浩·김좌진金佐鎭·이범석李範奭·홍범도洪範圖·안희제 등 대다수 독립운동 지도자들이 대종교 교인이었다. 대종교의 조국광복을 위한 활동은 일제에 의해 말살되어 가는 민족정체성을 회복하고 유지해 나가는 밑바탕이 되었다.

대종교는 1909년 제1세 교주 나철에 의해 단군교檀君敎로 중광되었다

| 나철·김교헌·서일(왼쪽부터)

가, 1910년 경술국치 직전에 대종교로 교명을 바꾸었다. 이후 일제의 한국 강점으로 국내 활동이 어렵게 되자 만주로 진출해 교세확장을 위한 포교활동을 전개했다. 그들은 1910년 10월 북간도지사를 설치했으며, 11월 6월에는 박찬익을 앞세워 청산리에 시교소를 두었다. 그리고 1911년 6월에는 화룡현 학성촌을 중심으로 활발한 포교활동을 펼쳤다. 특히 1912년에는 나철을 중심으로 박찬익·박승익朴勝益·현천묵玄天黙·백순白純·조창용趙昌容·기길(나철의 부인) 등이 백두산 북쪽 화룡현 지역을 중심으로 대대적인 포교활동을 전개했다. 그러나 일제의 감시와 탄압이 심해지자 이를 피해 1914년 5월 13일 중국 길림성 화룡현 삼도구 청파호靑坡湖로 대종교총본사를 이전하고, 포교활동을 통한 항일투쟁을 전개

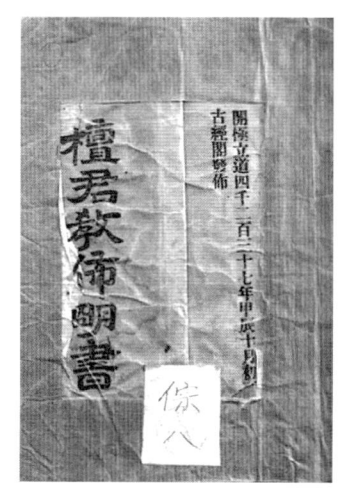

| 단군교포명서

안희제 133

했다.

나철은 백두산에 대종교의 거점을 마련한 후 포교를 위한 교구개편으로 백두산을 중심으로 동·서·남·북의 4개 교구와 중국·일본·구미 지역을 관장하는 외도교구 등 5개의 교구를 설치했다. 남도본사는 한반도 전역(책임자 강우), 서도본사는 남만주에서 중국 산해관(책임자 이동녕·신규식), 동도본사는 동만주 일대와 노령 연해주 지역(책임자 서일), 북도본사는 북만주 지역(책임자 이상설) 일대를 관할했다. 이러한 교구설정은 교세확장은 물론 중국에서 독립운동 거점을 마련하기 위함이었고, 사실상 국외독립운동기지로서 역할을 수행했다.

1922년에서 1923년 동안 대종교는 만주 지역에 34개소, 국내에 6개소, 노령 지역에 3개소, 중국관내 지역에 3개소 등 총 46개소의 시교당을 설립했고, 이와 함께 박달학원博達學園·동창학교東昌學校·백산학교白山學校 등을 설립해 민족교육을 실시했다. 아울러 대종교인이 중심이 되어 수많은 독립운동단체를 조직해 활동했는데, 대표적인 단체로 중광단重光團·대한정의단大韓正義團·대한군정서大韓軍政署(북로군정서) 등을 들 수 있다.

1910년대 대종교도가 주도한 독립운동 근거지는 북간도 왕청현汪淸縣 일대였다. 왕청현에서는 대종교 동도본사 책임자인 서일이 중광단을 조직하고, 독립정신 함양과 군사교육에 진력했다.

서일은 1881년 2월 26일 함경북도 경원군 안농면 금희동에서 태어났다. 어려서는 김노규金魯奎 문하에서 한학을 수학해 주역을 전공한 후 경성군 함일학교 사범과를 졸업했다. 이후 서일은 소학교 교사로 근무하면서 아동교육을 위해 전력하는 데 주저하지 않았다. 그러나 일제가

| 함일학교 취지서(『황성신문』 1907. 2. 22). 서일은 함일학교 사범과를 졸업하였다.

한국을 강점하자 1912년 만주로 망명한 후 왕청현 덕원리에 명동학교를 설립해 민족교육에 매진했다. 명동학교 설립 초기에는 왕청·류수하·대감자·서위자·대흥구 일대에서 35명의 학생들이 수학했고, 점차 동만 각지와 함경북도 일대의 학생들도 수학하기 시작했다.

서일은 1912년 10월에 대종교에 입교했다. 그의 대종교 활동 중에서 주목할 점은 대종교 제2세 교주 김교헌과 함께 대종교 교세를 확장하는 데 큰 역할을 한 점이다. 서일은 대종교에 입교한 지 불과 3년 만에 수만 명의 신자를 확보했다. 이렇게 단기간 내에 많은 대종교 신자를 확보할 수 있었던 것은 그가 함경도 출신이기 때문이었다. 1910년대 초 만주 이주한인들의 출신지별 통계를 보면 함경북도 출신이 압도적인 다수를 차지하고 있다. 이처럼 수많은 함경북도 출신 이주 한인들이 서일에게 절대적 신뢰를 보내면서 대종교 포교활동이 큰 성과를 거둘 수 있었다. 그리하여 서일은 1913년 10월 참교參敎 및 시교사施敎師가 되었으며 1914년 대종교 동도본사의 책임과 함께 대종교 전강典講의 중책을 맡는 등 대종교에서 핵심적인 인물로 영향력을 발휘했다.

서일이 본격적으로 항일투쟁에 나선 것은 1911년 이후이다. 그는 북간도로 건너온 대종교인들을 중심으로 1911년 3월 중광단을 조직하고 31세의 나이로 단장에 추대되었다. 중광단이 조직된 지역은 당시 대종교의 주요 거점이었던 왕청현, 이 지역은 대종교에서 1910년 시교사施敎師 박창익朴昌益을 파견해 포교의 거점을 잡았던 곳이다. 이 시기 이미 북간도로 이주해 온 한인들의 수는 20만 명이 넘었고, 이 중 많은 인구가 대종교를 신봉했다.

당시 중광단에 참가한 인물들은 대부분 대종교도들이었다. 특히 서일을 비롯한 백순白純·현천묵玄天黙·박찬익·계화桂和·김병덕金秉德(金星)·채오蔡五 등 중광단의 지도층은 대종교의 중심인물들로서 '중광단'이라는 명칭 또한 우리 고유 신앙인 단군신앙에 대한 부활을 의미하는 대종교의 '중광重光(교문이 다시 열림)'에서 따온 것이었다.

서일이 일찍이 중광단을 조직해 항일투쟁의 선봉에 서게 된 것은 대종교의 투쟁목표와도 밀접한 연관이 있다. 대종교의 독립운동은 일제에게 빼앗긴 주권을 되찾는다는 국권회복의 차원을 넘어 대종교의 이상국가인 배달국토倍達國土 재건을 목표로 삼았다. 따라서 서일의 독립 목표 또한 단순히 대일항전을 통한 민족독립을 넘어서 대종교의 이상국가 건설에 있었다. 이러한 목표완성을 위해서는 조국광복을 위한 투철한 투쟁정신과 더불어 종교적 완성을 위한 수행과 연구가 반드시 필요했다. 그리하여 서일은 수전병행修戰竝行의 행동철학을 실천하게 되었다.

서일의 수전병행 행동철학은 중광단 조직에서부터 투철하게 나타난다. 앞에서 중광단 명칭과 지도층을 비롯한 구성원 대부분이 대종교인이었다는 점과 중광단을 조직하게 된 배경이 대종교 포교를 통한 민족의식 함양과 대일항쟁이라는 점이 바로 그것이다. 그러므로 서일을 비롯한 중광단의 중심인물들은 각자 화룡현·왕청현·연길현 등으로 지역을 나누어 포교와 더불어 독립운동의 거점을 확산시켜 나갔다. 1914년 5월 13일 화룡현 청파호로 대종교총본사를 이전할 수 있었던 것도 서일을 중심으로 한 중광단의 활동에 힘입은 바가 컸다.

한편 서일은 수전병행의 실천방안으로 교육에도 관심을 기울였다. 그가 직접 설립한 명동학교를 위시해 중광단에서 설립한 교육기관도 동일학교·청일학교·학성학교 등 10여 개를 헤아린다. 서일은 대종교·독립운동·민족교육이라는 세 요소를 일치시키면서 수전병행을 극대화시켜 나갔다.

중광단과 관련해 주목을 끄는 것은 동원당東圓黨이라는 비밀단체다. 그동안 대종교의 비밀결사인 귀일당歸一黨에 대해서는 알려진 바 있으나, 동원당에 대해서는 알려진 바가 적었는데 대종교의 중심인물로서 대한정의단과 대한군정서의 핵심이었던 이홍래李鴻來의 가출옥문서와 1925년 4월 6일 청진지방법원 판결서를 통해 그 실체가 파악되었다. 동원당은 서일을 중심으로 수명의 동지가 협의해 1912년 음력 8월 연길현 삼도구 청파호에서 조직한 단체로 독립운동을 완수하기 위한 구체적인 방략을 결정하고 이를 지도하기 위한 비밀단체였다. 그러나 아직 동원당의 존속기간과 귀일당과 동체이명同體異名 여부에 대해서는 확인되지 않고 있다. 하지만 동원당도 서일이 수전병행의 효율적 수행을 위해 조직한 비밀결사로 생각된다. 서일이 1919년 연길현 국자가에서 대종교도를 중심으로 자유공단自由公團이라는 비밀결사단체를 조직했는데 단원이 무려 15,000여 명이었다는 사실을 볼 때 그의 비밀결사단체는 소수정예의 단체가 아닌 수양을 통한 대일항쟁의 일환으로 조직된 단체임을 알 수 있다.

중광단은 1919년 5월 일부 공교도孔敎徒들과 연합해 대한정의단을 조직하고 변화를 통한 발전을 시도했다. 그러나 정체政體의 이견으로 공교도의 대표적 인물인 김성극이 축출되면서 순수 대종교도를 중심으로 정비되었다. 당시 공교도들은 보황주의保皇主義를 내세웠고, 대종교인들은 대종교의 교의敎義인 홍익인간 속에 배태되어 있는 인본주의적 가치와 가까운 공화주의를 주장하면서 이와 같은 의견충돌이 발생한 것이다. 공교도와의 결별은 서일이 중광단 이후 실천해 오던 수전병행을 확고하게 하기 위한 것으로 생각된다.

대종교 제2세 교주 김교헌 등 39인의 명의로 만주 길림에서 대한독립선언서(일명 무오독립선언서)가 선포되었다. 발표일자는 '단군기원 4252년 2월 ○일'로, 서기 1919년 2월이었다. 대한독립선언서의 발표 주체는 만주지역 항일무장단체인 대한독립의군부인데, 선언서 내용에 '단군대황조檀君大皇祖'가 언급되어 있는 점, 발표장소가 대종교총본사인 점, 대한독립선언서에 서명한 인물 39인 중에서 허혁許爀 · 이세영李世永 · 한흥韓興 · 최병학崔炳學 · 임방任邦 · 이승만李承晚 · 김약연金躍淵 · 이대위李大爲 · 황상규黃尙奎 · 안창호安昌浩 등을 제외한 대부분의 인사들이 대종교 중심 인물들인 점으로 보아 대종교와 깊은 관련이 있다고 생각된다. 대종교

| 대한독립선언서(일명 무오독립선언서)

에서 서일의 위치를 감안해 보면 당연히 그도 참여했을 것으로 보이나 명단에 그의 이름은 보이지 않는다. 이는 그가 대종교인들이 중심이 되어 조직한 중광단 단장으로 무장투쟁에 주력하고 있었기 때문일 것으로 생각된다.

   중광단은 3·1운동 이후 대한정의단으로 발전해 조직적인 항일무장투쟁을 준비했다. 대한정의단은 비밀리에 독립군을 편성하고 부대원을 모집했으며 산하단체로 대한군정회를 조직하는 등 무장투쟁을 위해 본격적인 활동을 시작했다. 이무렵 대종교 2세 교주인 김교헌이 교통을 전수하려 했으나, 서일은 무장투쟁에 전념하기 위해 5년간 교통 전수를

| 주시경·지석영·김두봉(왼쪽부터)

유보하기로 했다.

대한정의단은 중광단과 마찬가지로 대종교 정신을 토대로 한 무장투쟁을 추구했다. 따라서 단장 서일은 독립군정회라는 무장조직을 정의단 내에 따로 설치하고 본격적인 무장혈전을 준비했다. 또한 『일민보一民報』와 『신국보新國報』라는 한글 신문을 발행해 재만동포들에게 독립의식을 고취시켰다. 여기서 주목되는 점은 순수 한글 사용의 정신적 배경이 대종교 정신에 기반을 두고 있다는 점이다. 이것은 한글이라는 명칭을 처음으로 사용한 주시경이나 지석영·김두봉 등 한글 개척의 선각자들이 모두 대종교도로서 대종교의 정신에 의해 한글사랑을 실천했다는 점과 연결된다. 서일은 대한정의단 정비와 더불어 왕청현을 중심으로 대종교 정신을 통한 민중적 기반을 확고하게 다져갔다.

그러나 대한정의단의 주요인물들은 군사부문에 비전문가였기 때문에 무장투쟁을 효과적으로 전개할 수 없었다. 서일은 이를 해결하기 위해 조성환 등 한말 육군무관학교를 졸업한 군사 전문가들이 많은 길림

| 대한군정서(북로군정서) 청산리대첩 승전기념

군정사吉林軍政司와 연합을 추진했다. 길림군정사는 김좌진이 무장투쟁을 위해 1919년 3월 중순 조직한 독립군단체로 군사전문가들이 중심이 되어 조직되었으나 이를 뒷받침해 줄 대중적인 지지 기반을 갖지 못한 상태였다. 그리하여 1919년 가을 서일의 연합 제의를 받아들여 대한정의단과 길림군정사는 연합해 대한군정서로 발전했다. 대한군정서의 명칭은 대한민국임시정부의 명령에 따른 것이었다.

북간도에서 대한군정서가 조직된 것과 같은 시기에 서간도에서는 부민단과 신흥무관학교를 중심으로 서로군정서가 조직되었다. 양 군정서는 상하이 대한민국임시정부의 정규군으로 서로 협의·원조했다. 주목할 점은 양 군정서의 간부들이 대부분 대종교 신도였으며, 양 군정서의 활동이 대종교 단군신앙과 연결되어 있었다는 점이다. 양 군정서 대표 서일과 이상룡李相龍은 서신과 대표 파견을 통해 의견을 교환하고 군사작전 협조를 도모했다. 1920년 이상룡이 서로군정서 군사요원 성준용成駿用·이범석·강남호姜南鎬를 안도현으로 파견할 당시 지은 시 '送成駿用李範錫姜南鎬遊內島山(내도산으로 가는 성준용·이범석·강남호를 전송하다)'를 보아도 양 군정서 간부들은 대종교 단군신앙에 대한 믿음을 가지고 일본군과의 혈전에 임했음을 알 수 있다.

대한군정서의 총재는 서일, 부총재는 현천묵, 총사령관은 김좌진이었다. 대한군정서의 중앙조직은 총재부와 사령부로 나누었으며, 총재부는 군정서의 대외업무와 행정업무를 담당하고 사령부는 군사부분을 담당했다.

사령부 총사령관 김좌진은 이장령李章寧·나중소羅仲昭 등과 함께 대한군정서 독립군 양성을 위해 1920년 2월 초 왕청현 서대파 십리평에 사관연성소를 설치했다. 김좌진은 사관연성소 소장이 되어 신흥무관학교의 도움으로 교관과 각종 교재를 지원받았으며, 교관으로는 이범석·김규식 등이 훈련을 담당했다. 사관연성소는 1920년 9월 9일 제1회 졸업생을 배출한 후 이들을 중심으로 300여 명의 교성대敎成隊를 조직했다. 이때 조직된 교성대는 최정예부대로서 이후 청산리대첩을 승리로 이끄는 대한군정서의 주축이 되었다. 청산리대첩에 참전했던 대한군정서 간부 명단은 다음과 같다.

| 대한군정서(북로군정서) 사관연성소 졸업식(왕청현 십리평 1920. 9. 9)

총재	서일
총사령관	김좌진
참모부관	나중소
부관	박영희朴寧熙
연성대장	이범석
종군장교	이민화李敏華 · 김훈金勳 · 백종렬白鐘烈 · 한건원韓建源
대대장서리	홍충희洪忠憙
제1중대장서리	강화린姜華麟
제2중대장	홍충희

제3중대장	김찬수金燦洙
제4중대장	오상세吳祥世
대대부관	김옥현金玉玄

　청산리대첩 후 서일 총재는 대한민국임시정부에 "김좌진 부하 600명과 홍범도 부하 300여 명이 일본군 1,300여 명을 격살"했다고 보고했다. 청산리대첩은 한국독립군이 벌인 전투 중 대승을 거둔 대표적인 전투였다.

　청산리대첩에서 대패한 일제는 대종교도들을 무차별 학살하는 만행을 저질러 당시 희생당한 대종교도들만도 수만 명에 달했다. 서일은 동포들의 희생을 최소화시키기 위해 대한군정서를 소만蘇滿 국경지역인 밀산으로 이동시켰다. 그리고 대한독립군·대한국민회 등 10여 개 단체를 통합해 대한독립군단을 결성하고 총재로 추대되었다. 그러나 1921년 6월 27일 '자유시사변'으로 인해 독립군이 막대한 타격을 입고 밀산에서 재기를 위해 군사훈련을 하던 중인 1921년 8월 26일 수백 명의 토비土匪들이 야습夜襲해 살인·방화·약탈을 자행해 진중이 초토화되고 훈련중이던 수많은 청년병사들이 희생당하자, 다음날 독립군 지휘자로서 책임을 지고 자결을 결심했다.

　서일은 그의 스승인 홍암 나철이 순명삼조殉命三條를 남기고 1916년 음력 8월 15일 스스로 목숨을 끊었을 때를 마음에 새기면서 1921년 8월 27일 다음과 같은 홍암 유서遺書 중의 한 구절을 읊조리면서 41세의 나이로 생을 마감했다.

굿것이 수파람하고 도깨비 뛰노니 하늘·땅의 정기빛이 어두우며 배암이 먹고 도야지 뛰어가니 사람·겨레의 피·고기가 번지르하도다. 날이 저물고 길이 궁한데 인간이 어디메오.

서일은 자신의 죽음을 계기로 대종교의 발전과 분열된 독립진영이 단합해 대일항전에 분발할 것을 촉구하고자 수전병행의 행동철학을 최후까지 실천했다.

서일은 대종교 제2세 교주 김교헌과 함께 대종교 교세 확장에 크게 기여해 대종교 전성기 시대를 이룬 인물이다. 김교헌은 서일에게 대종교 교통을 전수하고자 할 정도로 두 사람의 관계는 돈독했다. 따라서 서일의 죽음은 김교헌에게 큰 충격을 주어 그는 병을 앓다가 1923년 11월 영안현 남관의 대종교총본사 수도실에서 병사했다. 안희제는 1933년 영안현 동경성에서 발해농장을 경영할 당시 서일 유족과 최관崔冠(서일의 사위)을 발해농장으로 데려와서 지배인으로 삼고 돌보았다고 한다.

1920년 10월 대한군정서는 서일·김좌진·이범석·나중소 등의 지휘 하에 청산리대첩의 전과를 거두었다. 이어서 대종교도 독립군들은 1925년 신민부를 결성해 민정民政과 군정軍政을 아우른 한인자치정부 성격을 띤 독립군단을 성립시켰다. 일제는 대종교를 종교로 인정하지 않고 철저하게 탄압했다. 1915년 10월 1일 조선총독부령 제83호로 발포한 「포교규칙」에 의해 국내에서 포교 활동은 거의 불가능하게 되었다. 사사로운 집회나 강연 따위도 일체 금지되었다. 대종교가 대동청년단·조선국권회복단·귀일당歸一黨·동원당東圓黨·자유공단自由公團·조선어학

| 윤세복

회·해원도解寃道 등과 같이 철저하게 비밀결사로 활동한 사실은 이러한 배경과 관련이 있다.

대종교가 중국으로 총본사를 이전한 후 만주지역의 독립운동을 주도하고 교세를 떨치자, 일제는 중국의 동북군벌 정권과 결탁해 대종교 탄압을 모색했다. 그 결과 1925년 만주지역의 항일독립운동을 차단하기 위해 맺어진 '삼시협정三矢協定'에 의해 길림성장 겸 독군이었던 장작상張作相은 1926년 만주지역에 대종교 포교금지령을 내렸다. 1929년 이 금지령이 해제될 때까지 대종교 총본사는 만주의 각지를 전전하면서 철저히 은둔해야만 했다.

대종교 3세 교주 윤세복은 일제와 중국 동북군벌의 탄압으로 인한 침체를 타파하기 위해 1943년 1월 일제 전위기관인 관동군 특무기관·하얼빈총영사·조선총독부 특파원 등과 만주지역을 대상으로 한 포교권 허가를 교섭해 허가받았다. 그리하여 대종교 선도회를 하얼빈시에 설치하고 영안현 동경성에 '대종교총본사' 현판을 내걸고 포교활동을 재개했다.

일제의 대종교 포교 허가는 비밀리에 활동하고 있는 중심인물들을 수면 위로 드러나게 한 뒤 이를 탄압해 대종교를 폐쇄시키고자 하는 술

책이었다. 윤세복을 위시한 대종교 지도자들은 포교 의지가 앞선 나머지 이러한 일제의 교활하고 잔인한 의도를 간파하지 못했다. 이에 일제는 대종교에 대한 내사와 감시를 강화하고 교인을 가장한 일제 밀정을 잠입시켜 간부들의 동향을 정탐했다.

중일전쟁과 태평양전쟁을 일으켜 제국주의 침략 야욕을 드러낸 일제는 동남아시아 지역으로 진출하기 위해 북만주 일대에서 전개되는 항일 민족운동세력을 척결해야만 했다. 북만주 지역에서 일제가 주목한 세력은 첫째 길림성 영안현 동경성내에 있는 대종교 계열의 3·1학원의 민족교육, 둘째 안희제가 주축이 된 발해농장의 경제활동, 셋째 발해국 궁궐터에 설립되는 대종교 교당 천진전과 대종학원의 존재, 넷째 일제 밀정들의 대종교 지도자 언행에 대한 조사보고 등이었다.

1942년 일제는 대종교 세력을 척결하기 위해 이른바 '임오교변壬午敎變' 사건을 조작하기에 이른다. 임오교변은 일제가 대대적으로 대종교를 탄압한 사건으로 임오교변이 일어나게 된 직접적인 동기는 당시 조선어학회에서 활동하던 이극로李克魯가 대종교 3세 교주 윤세복에게 보낸 편지에 동봉된「널리 펴는 말」이란 제목의 원고를 일제가 검열과정에서 발견하고 이를 조작해 꾸며낸 사건이다.

일제는 이극로의 원고 중에서「널리 펴는 말」이라는 제목을「조선독립선언서」로 바꾸고, 마지막 부분의 '일어나라 움직이라! 한배검이 도우신다'라는 구절을 '봉기하자 폭동하자! 한배검이 도우신다'라고 날조해 이것을 대대적으로 대종교 탄압의 빌미로 삼았다.「널리 펴는 말」의 전문은 다음과 같다.

| 임오교변이 일어나던 해 개최되었던 대종교 제7회 회의장

    천운은 빙빙 돌아가는 것이라 한번 가고 다시 오는 법이 없다. 날마다 낮이 가면 밤이 오고, 밤이 가면 낮이 오며, 또 춘하추동 사철은 해마다 돌아온다. 이와 같이 영원토록 돌아가고 돌아오는 법이 곧 한얼님의 떳떳한 이치다.

    이런 순환하는 천리에서 인간 사회의 변천도 끊임없이 생긴다. 부자가 가난하여지고 가난한 사람이 부자가 되며, 귀한 사람이 천하여지고 천한 사람이 귀하여진다.

    동방에는 밝은 빛이 비치었다. 이는 곧 대종교가 다시 밝아진 것이다. 한동안 밤이 되니, 지나던 대종교가 먼동이 튼 지도 30여 년이 되었다. 아침 햇빛이 땅 위를 비치어, 어둠을 물리치는 것과 같이 대종교의 큰 빛이 캄캄한 우리의 앞길을 비치어 준다.

어리석은 뭇사람은 제가 행하고도 모르며 또 모르고도 행한다. 직접으로는 만주 대륙과 조선 반도를 중심하여 여러 천만 사람이 대종교의 신앙을 저도 모르는 가운데 아니 믿는 사람이 없고, 간접으로는 이웃 겨레들도 이 종교의 덕화를 받지 아니한 이가 없다.

삼신三神이 점지하시므로 아이가 나며, 삼신이 도우시므로 아이가 자란다고 믿고 비는 일이 조선의 풍속으로 어디나 같다.

이 삼신은 곧 한임·한웅·한검이시다. 황해도 구월산에는 3성사가 있고, 평양에는 숭령전이 있고, 강화도 마니산에는 제천단이 있다. 발해 시대에는 태백산에 보본단을 쌓고 해마다 제사를 지내었다.

이와 같이 삼신을 믿고 받들어 섬기는 마음은 여러 천년 동안에 깊이 굳어졌다. 시대와 곳을 따라 종교의 이름은 바뀌었으나, 한얼님을 섬기고 근본을 갚아 사람의 도리를 지키는 교리만은 다름이 없고 변함이 없다.

종교는 믿는 마음으로만 되는 것은 아니다. 일정한 형식을 갖추어야 되며, 또 형식은 존엄을 보전할 만한 체명을 잃지 아니하여야 된다. 사람의 이상은 소극적으로 지키는데 있는 것이 아니라 적극적으로 나아가는 데 있다.

그런데 이제 우리의 체면을 유지할 만한 천전과 교당도 가지지 못하였으며, 또는 교회의 일꾼을 길러낼만한 교육 기관도 없다. 이는 우리에게 그만한 힘이 없는 것도 아니요, 성력이 아주 부족한 것도 아니다. 그 동안에 모든 사정이 우리의 정성과 힘을 다 발휘할 기회를 얻지 못하였던 까

닭이다.

그런데 이제는 때가 왔다. 우리는 모든 힘을 발휘하여 대교의 만년 대계를 세우고 나아가야 된다.

이 어찌 우연이랴! 오는 복을 받아들이지 아니하는 것도 큰 죄가 되는 것을 깊이 깨달아야 된다. 만나기 어려운 광명의 세계는 왔다. 반석 위에 천전과 교당을 짓자! 기름진 만주 벌판에 대종학원을 세워서 억센 일꾼을 길러내자!

우리에게는 오직 희망과 광명이 있을 뿐이다.

일어나라! 움직이라!

한배검이 도우신다.

개천 4399년 9월 5일

당시 대종교가 만주를 중심으로 교세가 신장되고 교단이 대폭 강화되자, 일제는 밀정을 통해 감시하다가 노골적으로 탄압하기 시작한 것이다.

1942년 11월 19일 발생한 '임오교변'으로 만주와 국내에서 제3세 교주 윤세복과 안희제·이용태 등을 비롯한 21명의 대종교 간부들이 동시에 검거되었으며 대종교총본사의 각종 비품과 서적이 압수당했다. 아울러 일제는 북만지역의 신안진·하얼빈·목릉·영안·돈화·밀산, 동만과 남만지역의 연길·반석·장춘·영길 등지와 국내에서 대대적으로 대종교 간부들을 체포했다.

이때 대종교총본사에서는 신간서적 2천여 권, 구존舊存서적 3천여 권, 천진天眞 및 인신印信, 각종 도서와 교단 서류 600여 종을 압수당했다.

〈표 9〉 일제에 체포된 대종교 지도자

성 명	검거일	검거 장소	성 명	검거일	검거 장소
윤세복	1942. 11. 19	중국 영안현 신안진 기차내	나정문	1942. 11. 19	중국 영안현 동경성
김영숙	〃	중국 하얼빈 마가구	이창언	〃	중국 영안현 구가촌
윤정현	〃	중국 목릉현 흥원촌	권영준	〃	함북 성진부
이용태	〃	충북 제천군 백운면	김진호	〃	중국 길림성 반석현
최관	〃	중국 영안현 동경성	김두천	〃	중국 신경시대
이재유	〃	중국 길림성 돈화현	서윤제	〃	중국 영안현 동경성
권상익	〃	중국 밀산현 삼릉통	이성빈	〃	중국 길림성 영길현
이정	〃	중국 영안현 신안진	김진호	〃	중국 영안현 동경성
안희제	〃	경남 의령군 입산리	안용수	〃	중국 영안현 신안진
나정련	〃	중국 영안현 동경성	성하식	〃	경북 김천읍 부곡동
김서종	〃	중국 하얼빈 시내	이종주	〃	중국 영안현 신안진 기차내
강철구	〃	중국 연길현 동불사	이현익	1943. 4. 3	중국 영안현 동경성
오근태	〃	중국 영안현 와룡둔 고가자			

일제는 윤세복·안희제 등 25명을 이른바 '치안유지법 위반'으로 검거했다.

일제는 체포한 대종교 지도자 중 성하식·김진호·안용수·이종주 등 4명은 혐의사실이 없어 즉시 석방했다. 그리고 나머지 지도자들은 영안현 경무과에 특별취조본부를 설치해 고문과 악형을 가하며 4개월 동안 심문을 계속했다. 권영준은 당시 72세의 고령으로 면소免訴되어 1943년 10월 1일 석방되었고, 김진호·김두천·이성빈·서윤제(서일의 맏아들) 등

4명은 교무무책敎務無責으로 석방되었다.

1944년 4월 27일 목단강고등법원 제1호실에서는 윤세복·김영숙·윤정현·이재유·이용태·이현익·최관(서일의 사위) 등 7명에 대한 공판이 개최되어 윤세복은 4일간, 그 외 6명은 이틀에 거쳐 심문했다. 일제측 법정 심리 내용의 요지는 다음과 같다.

대종교는 조선 고유의 신도 중심인 단군문화를 다시 발전한다는 표방하에 조선 민중에게 조선정신을 배양하고 민족자결의 의식을 선전하는 교화단체인 만큼 조선독립이 그 최종목표요 따라서 반도와 만주를 탈취하여 배달국 재건의 음모를 가졌으니 이것이 어찌 종교를 가장한 정치운동이 아닌가?

이에 대해 대종교 지도자들은 다음과 같이 항변했다.

대종교의 교원은 신항태백神降太白이요 교의敎義는 홍익인간이요, 교리는 삼진귀일三眞歸一이요, 진흥문운振興文運이요, 구경究竟은 화성천국化成天國이다. 그런데 조선독립은 국민운동에 속할 것이요, 배달국 재건은 천국건설이니 대종교의 이념이다.

그러나 일제는 대종교를 국권회복을 위한 '종교를 가장한 정치운동'으로 보고 1944년 5월 13일에 윤세복-무기징역, 김영숙-징역 15년, 윤정현·이용태·최관-징역 10년, 이현익-징역 7년, 이재유-징역 5년

| 액하감옥 정문

형을 구형했고, 다음달 6월 26일에는 치안유지법위반 제1조 위반으로 윤세복·김영숙·이현익·이재유 등은 구형대로, 윤정현·이용태·최관 등 3명은 징역 8년으로 감형 선고했다.

조사 과정에서 고문과 악형으로 1943년 5월부터 1944년 1월 사이에 10명이 사망했고, 나머지 7명은 목단강 고등법원에서 실형을 선고받고 목단강 액하감옥液河監獄에 투옥되었다. 이후 이들은 옥중에서 혹은 병원에서 이른바 치안유지법위반이란 죄명을 쓴 채 세상을 떠났으며, 대종교에서는 이들을 '임오십현壬午十賢' 또는 '순교십현殉教十賢'이라고 부른다.

한편 목단강 고등법원의 '순교십현'에 대한 기소 사실은 다음과 같다.

〈표 10〉 '임오십현'의 명단

교직	성명	연령	순교 장소
상교(尙敎)	권상익	44세	중국 밀산 삼릉통
〃	이정	49세	중국 영안 신안촌
정교(正敎)	안희제	59세	경남 의령 입산리
〃	나정련	62세	중국 영안 동경성
〃	김서종	51세	중국 하얼빈
〃	강철구	53세	중국 연길 동불사
〃	오근태	63세	중국 영안 와룡둔
〃	나정문	54세	중국 영안 동경성
〃	이창언	68세	중국 영안 구가촌
〃	이재유	68세	중국 길림 돈화

기소 사실

대종교는 그 전 이름을 단군교라 칭하고, 명치明治 42년 음 정월 15일 조선 경성부에서 나철이 자고로 조선민족 간의 신앙에 있어서 조선민족의 시조이며 국조國祖라고 전승하여 온 단군을 숭봉하며 이에 귀일함으로써, 조선민족정신의 순화 통일과 조선민족의식의 앙양을 도모함과 동시에 조선민족결합의 강화에 의하여 독립국가로서 조선의 존속을 목표로 하고, 다수 동지와 함께 결성하여 스스로 제1세 교주라고 한 단체로서 그 교리라는 것은 유일무이한 천신天神이 우주 만물을 창조하고 다시 지금(강덕 10년)으로부터 4천 4백 년 전 태고에 천신이 인간으로 화하여 만선滿鮮 국경 백두산에 강하한 이래 1백 25년간 만선에 널려 있는 삼천단부三千團部의 부민을 교화시킨 후, 배달국을 수립하고 그 나라 임금 단군이 될 새,

그 영역은 동으로 창해滄海(日本海), 서로 사막沙漠(興安總省), 남으로 영해瀛海(동중국해), 북으로 흑룡 간에 이르렀으며, 93년간 인민을 통치한 후 승천하였고, 또 단군은 오훈五訓으로써 인민을 가르치며 곡穀·명命·병病·형刑 선악의 오사五事로써 인민을 다스려서 질서 있고 또 평화스러운 이상국가를 실현하므로 인민은 천신을 숭경하며 단군에 열복하여 안락 평온의 생활을 하여 왔으므로 그 후예들이 조선민족이라면 단군은 조선민족의 시조이며 국조이며, 또 교조라 하여 단군의 소위 '오훈'은 천훈天訓·신훈神訓·천궁훈天宮訓·세계훈世界訓·진리훈眞理訓으로 이루었으며, 진리훈에는 인물이 신의 창조로 성性·명命·정精 삼진三眞을 받았고, 또 한번 지상에 태어날 제 심心·기氣·신身 삼망三妄을 얻어서 감感·식息·촉燭의 삼도三途를 짓게 되므로 이것을 지止·조調·금禁의 삼법으로써 수양하면 삼진三眞에 귀일하여 신에 화합을 얻는다고 하며, 또 단군교도의 실천강령이라고 하여 오대 종지五大宗旨를 만들어서 조선민족은 단군을 신앙하여 신으로부터 받은 삼진의 영성靈性을 닦아서 신에 화하도록 힘쓰는 동시에 이상국가인 배달국을 지상에 재건할 것이라고 하여 오던 중, 동 43년 7월에 나철은 단군교를 대종교라 개칭하고, 그 후 동년 8월 일한 합병으로 조선민족이 독립국가를 상실함에 따라, 대종교는 단군을 신앙함으로부터 조선민족 정신을 배양하며, 조선민족의 결합을 도모하고 조선독립 의식을 앙양하며, 따라서 조선독립의 소지素地를 만들어, 궁극에서 조선으로 하여금 일본제국 통치권의 지배를 이탈시켜 독립국으로 하고, 또 그 독립 형태를 이상국가인 배달국을 이 지상에 재건할 목적으로 한 단체이었으며, 제1세 교주 나철은 대정大正 5년 음 8월 15일 조선에서 사망하고, 그 후계자 김교헌은 도만渡滿하여 동 12년 음 11월 18일 영안현에서 사망한 후, 윤세복이 동인의 유명遺命에 의하여 제3세 교주로 되었으며, 아국(만주) 건국 후 동교의 소위 '배달국' 재건에 대한 조선민족의 독립은 배달국의 영역을 영토로 하고, 따라서 아제국我帝國의 영토 일부를 탈취하며, 또 일덕일심一德一心의 기조상基調上에 처한 대일본제국 영토의 일부인 조선으로 하여금, 동국의 통치권에서 이탈시켜 독립국으로 할 것을 목적으로 한 단체로 되어 있는 것이다.

임오교변 당시 체포된 이용태는 「구금고황拘禁苦況」이라는 옥중일기를 남겼다. 여기에는 검거 당시의 모습과 '순교십현'의 최후 상황까지 상세하게 기록되어 있다. 그리고 당시의 심경을 잘 나타내고 있는 옥중시도 4수 남겼는데, 영안현 유치감에서 지은 2수, 액하감옥으로 이감되어 지은 1수, 판결을 받고 난 후 지은 1수가 그것이다. 그 중에서 징역 8년형 판결서를 받고 나서 지은 한 편의 시를 소개하면 다음과 같다.

서너 해 갇혔으니 오랜 세월에
얼마나 많은 취조 받아 왔던가.
이제야 끝났다고 알려 오는데
액하의 감옥에서 살라고 한다.
일생을 마칠 것을 각오한 이 몸
무엇을 바라고 기대할건가.
8년 형 받았다고 근심을 할까

마음은 거울같이 고요도하다.

「구금고황」은 임오교변 당시 일제의 탄압상을 보여주는 중요한 기록으로 전문은 다음과 같다.

| 이용태

구금고황

때는 마침 개천 4399년 임오年 11월 19일 (1942년 12월 26일)이라. 백설白雪이 분분紛紛하고 삭풍이 열열烈烈하여 한위寒威가 천지를 엄습하고 냉기가 우주를 동결하고자 하던 시기인데 대교大敎 박멸의 악몽을 꿈꾸던 왜적의 단말마적인 검거선풍이 일어나서 전기前記한 같은 날에 단애도형檀崖道兄은 신경新京 귀로에 영안현 신안진역두驛頭에서, 기타 간부는 선만鮮滿 각지의 자가自家에서 28인의 총검속을 감행 당했다.

본인도 역시 자가인 충청북도 제천군 백운면 방학리에서 검거를 당하여 풍우風雨같이 몰아다가 제천경찰서 구치소에서 일야一夜를 경과하고 익일翌日에 경성을 거쳐 만주로 압송되어 영안현공서寧安縣公署 특무고特務股 토옥土獄에 수감되니 당시의 감회는 일일이 그 진상을 매거枚擧하기 극난極難하나 그 개요만을 기술하고자 한다.

첫째는 본인이 소위 면장이라는 공직을 사임하고 대종교총본사에 들어가서 헌신적으로 활동 봉사하려고 한 근본 목적은 반만년 유구한 역사가 영구히 멸절滅絶될 리가 만무함은 자연의 공법公法이요, 이 역사를 갱생케

함은 민족의 정신이요, 민족의 정신을 발휘케 함은 오직 국가를 자주하고 민족을 단결하고 문화를 계승 전수하는 대종교의 정신이 아니면 시간의 지속은 차치且置하고라도 전도前途의 생생한 명맥을 유지 배양할 길이 없음을 자각하였던 바 일조一朝에 이와 같이 독사같은 마적에게 저작咀嚼됨에 자신의 희생은 고사하고 국민의 전체적 운명이 불행하게도 수포水泡에 귀歸함이 철천徹天의 원한이오.

둘째는 홍암대종사弘巖大宗師께서 계왕개래繼往開來하신 그 거룩한 대업이 7백여 년의 암흑한 외래사조外來思潮를 돌파하고 천재간千載間 착종錯綜된 미침迷沈의 폐풍弊風을 청소淸掃하여 고유신앙의 대도大道를 중광重光하고 유일무이唯一無二한 신리神理를 천명闡明하시와 전세계 인류를 고해苦海에서 낙원으로 구제하고자 수립된 교문敎門이 여지없이 폐쇄됨이 골수에 사무치는 분한憤恨이며,

셋째는 단애도형檀崖道兄께서는 제삼세第三世의 도통道統을 전수하신 후 시운時運의 불행과 말세의 흉변으로 인하여 서북으로 표박漂泊하시며 병비兵匪와 토적의 유린蹂躙으로 만난萬難과 백겁百劫을 겪으시면서 백절불굴百折不屈의 그 강용強勇과 일호무사一毫無邪의 그 정직으로 일관하시와 망칠望七의 고령까지 신고辛苦의 시련을 당하시다가 이 최후의 악경을 밟게 되시는 참상은 생각할수록 지원지통至冤至痛을 난승難勝이며 또 칠십을 넘은 고령이신 아현亞峴 권녕준權寧濬 선생과 망칠노령望七老齡의 백람白嵐 이재유李在囿 선생, 백향白香 이창언李昌彦 선생, 해산海山 강철구姜鐵求 선생과 노령의 백주白舟 김영숙金永肅 대형大兄, 회갑 당년의 대종사大宗師 장윤長胤인 염재念齋 나정련羅正練 선생과 차윤次胤인 일도一島 나정문羅正紋 선생이며 일야

一野 윤정현尹定鉉 선생과 근재槿齋 이현익李顯翼 선생 등 제위諸位께서도 30여 년간 망국의 원한과 울분을 품고 이역異域 만주에서 광복운동선상에서 맹렬히 분전 고투하였고 대교의 발전을 위하여 지성으로 노력하여 멸사봉공적滅私奉公的 고초생활을 계속감수繼續甘受하시다가 금일今日의 구금拘禁을 당하게 됨은 실로 자신의 번민煩悶보다 기백배幾百倍의 억울함을 느낄 지로다.

구금중 고황苦況을 들자면 세세영령細細零零한 사건을 이루 다 기억하기 지난至難하나 처음에 피검수감被檢收監된 곳이 영안현공서 특무고에 소속된 유치토옥留置土獄인데 후면後面에는 한짝의 철창씩을 붙였고 전면에는 한 줄의 목책과 이중의 토장으로 구조한 감방 5개소에 분수分囚하되 언어를 일체 엄금嚴禁하고 좌와坐臥도 서로 등지게 하여 의사연락을 단절하고 수족거동手足擧動도 자유가 없게 감시노監視奴 여덟 명(전부 패독흉악한 왜노임)을 배치하여 주야로 엄격히 감시하는 바 인간으로서 취급하는 것이 아니라 맹수 목축牧畜의 취급보다 우심尤甚한 학대虐待이다.

본인과 백산 선생은 입옥入獄 제2일에 소위所謂 고등검사국을 거쳐서 목단강경찰서로 이감되어 약 15일간을 경과한 후 다시 영안으로 이감된 바 이송도중에는 외홍내흑外紅內黑의 자루를 머리에 씌워 천일天日을 불견不見케 하며 전옥轉獄 후 식사는 1일 2회 속죽粟粥 1완椀씩으로 연명을 시키니 병구노장病軀老腸이며 청년장정靑年壯丁 검사국 일제히 기갈飢渴에 핍박되어 신체는 피골皮骨 검사국 상접相接하여 극도로 수척하고 질병은 시각을 다투어 침신첨발浸身添發하여 구차히 욕되게 사는 것보다 깨끗이 죽는 것이 낫다는 관념이 점차 생겨진다.

안희제 159

하루는 아현亞峴 선생이 취조를 마치고 돌아오는데 취조하던 자가 감시노監視奴에게 단단히 고통을 주라고 명령을 한다. 그리하여 감시노가 백묵白墨으로서 감방 내 하층토간下層土間에다 아현 선생을 세우고 양쪽 발이 입착立着한 부분에 금을 그어 그려놓고 하는 말이 일주간을 서서 지내되 만일 움직이거나 앉아서 변경이 있을 때는 용서 없이 타살한다고 위협하므로 약 2일 밤낮을 서 있었으나 소호小毫라도 동요動搖가 있으면 곤봉으로 무수히 난타하여 유혈이 임리淋滴하고 정신이 혼도된다. 5일 밤낮을 당하여서는 기진맥진하여 자연 혼절하여 쓰러지니 감시노 2인이 체번遞番하여 밤새도록 난타하여 거의 사경에 이른지라. 선생이 자진함이 가可하다고 생각하고 피 흘리는 머리를 목항木杭에 부딪혀서 자살코저 하였더니 교대한 감시노 1인이 경아驚訝의 동정同情이 생겼던지 소위所謂 제 상관에게 급보하여 의사를 불러 진료하고 앉거나 누워 자는 것을 자유롭게 허락하여 죽을 고비를 간신히 넘겼다. 당시를 목격하던 우리들의 말 못하던 심리고통과 뇌수腦髓를 찌르는 악감울분惡感鬱憤이 어떻다 형언하리오. 지금에도 이 사실을 생각하면 온몸에 소름이 끼치고 두 눈에 흐르는 눈물을 멈출 수 없다. 이것은 아현 선생 1인 뿐 아니라 우리 29인이 다 같이 겪은 고통이요, 우리 29인 뿐만 아니라 3천만 동포 중 국가의 독립을 희망하고 민족의 생존을 사랑하던 동포는 이 설움과 이 고통을 다 같이 겪은 것으로 안다.

기타의 고초는 취조중에 혹은 단식하고 혹은 잠을 안재우고 혹은 모든 악형을 총동원한 고문으로 낙형烙刑, 거물형擧物刑, 주수형注水刑, 곤봉구타, 형극궤좌형荊棘跪坐刑, 간지間指, 전기형電氣刑 등 이루 말할 수도 없는 바 자세한 것은 타인의 명백한 말에 양보해 둔다.

이와 같이 4개월을 동일한 장소에서 취조를 받다가 양력 4월 6일에 목단강경무처에 이감되어 5월 1일에 9인은 액하감옥으로 수감되고 12인은 경무처에서 1년간이나 취조를 거듭하는 동안에 십현十賢이 순교한 비참한 일이 생겼다.

슬프다! 이 자격 없고 능력 없는 우매한 이 인간은 잔명殘命을 보전하여 만반萬般의 새 서광曙光을 보게 되며 지식이 첨부瞻富하고 성력誠力이 열렬하고 공적이 크신 명철제현名哲諸賢은 많은 원한을 품고 귀천歸天하되 눈을 감지 못하고 교문敎門의 부흥과 국가의 재건을 직접 경영經營치 못함은 실로 어국어교於國於敎에 유감천만이다. 그러나 사람의 생사는 육신에만 있지 아니하고 정신에 있음이 더 중대한 즉 본인의 생生은 단지 의식을 소비하는 도생徒生이라. 종문宗門과 사회에 대하여 일호一毫의 가치가 없는 일개의 미냉시未冷屍에 불과한 바이며 십현의 죽음은 순교순국의 영예로운 죽음이라. 천추만세까지 그 영령이 불체不替하여 종문宗門의 보호와 국민의 행복을 길이 도와주실 터이니 육체는 죽었어도 정신은 영생이며 또 사후할 모든 교우들이 제현諸賢의 순교하신 정신을 추모하여서 사교斯敎 발전에 분투노력하여 홍익인간의 대大목적을 달성할 줄로 믿는다.

다음은 감옥생활상 견디기 힘든 고초는 기한飢寒의 난감難堪과 노역勞役과 학심虐甚과 금수취급禽獸取扱은 예사라. 세록細錄은 피避하나 사생死生은 유명有命이라. 유의소재唯義所在인 즉 위교위국爲敎爲國에 사유무한死猶無恨이라는 주관主觀으로써 사생死生을 초월한 경지에서 안심입명安心立命코저 자위自慰하면서 경과經過하다가 천조天祖의 묵우黙佑하심과 선철선현先哲先賢의 보호

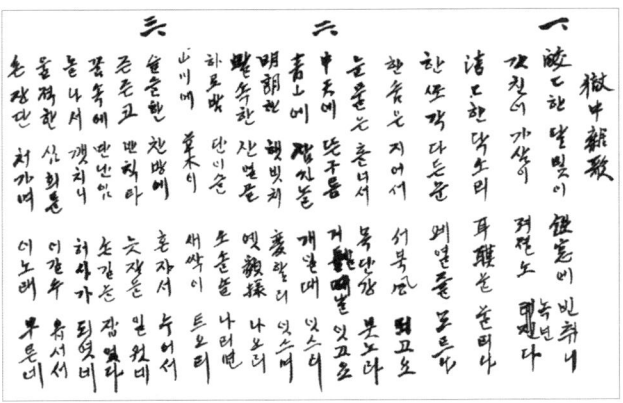

| 이용태가 작시(作詩)한 옥중잡가 친필

하심으로 몽방蒙放을 득得하여 다시 이 고황苦況을 기술記述하게 됨은 실로 대덕大德에 감격하나 아무 실적實積과 숙공宿功이 없이 영행칭예榮幸稱譽를 들음은 참괴慚愧를 불승不勝하며 부기삼항附記三項하고 그친다.

부기附記 이적異蹟

1. 구금한 지 3일 내에 영안현장寧安懸長 만주인이 급사急死하다.
2. 구금한 지 일주일 내에 영안현공서 특무고 서무주임(일본인)이 폭사爆死하다.
3. 목단강경찰서에서 영안으로 이감한 지 3일 만에 유치감 간수장이 병사하다(안백산과 본인을 유치시킨 왜노倭奴이다).

개천 4403년 9월 상완上浣

서기 1946년

1942년 11월 19일 안희제는 목단강성 경무청 형사대 3명에게 체포된 후 목단강시로 호송되어 경무청에 수감되었다. 검거 당시 그의 나이는 58세의 중년으로 정신과 기운은 맑았으나 건강이 좋지 않아 그 해 봄과 여름 사이 고향 경남 의령에서 요양하던 중 자택에서 검거된 것이다.

  체포된 후 만주 영안현 경무과를 거쳐 목단강 경무청에 이감되는 8개월 동안 고문과 악형에 시달려 병세는 점차 위독해졌다. 위장병과 이질로 식음을 전폐한지 여러 날 만에 병세가 더욱 악화되자 1943년 8월 2일 안희제는 병보석으로 출감했다. 그러나 출감한 지 하루 만에 그는 친척동생 안영제安永濟가 경영하는 만주 목단강시 영제의원에서 59세의 나이로 순국했다. 안희제는 다음과 같은 유언을 남겼다.

> 앞으로 2년 후면 일본은 패망할 것이요, 오방吾邦은 독립될 것이다. 너희 형제들이 앞으로 곤란한 입장에 처하였을 때에는 너희 등의 양심에 물어 처신하라. 고성故城의 각 공지空地 산에 과목을 심으라.

  안희제의 유해는 경남 의령에 안장되었다. 대종교에서는 1946년 8월 15일 순교한 10인에게 십현十賢의 호를 올리고, 이어 교질教秩을 추승해 안희제는 '정교 가대형호正教加大兄號'로 추승追陞되었다. 한편 대종교 제3세 교주 윤세복은 감옥에서 안희제가 세상을 떠났다는 비보를 접하고 만시輓詩 한 수를 지어 읊으며 영령을 위로하고 명복을 빌었다. 안희제의 교질 추승에 대한 상호표上號表와 윤세복의 만시를 소개한다.

상호표

고상교故尚教안희제는 경신애족敬神愛族하야 위도성인衛道成仁이라 정교로 추승하나이다.

만시

곡안백산대형哭安白山大兄
계세상봉우이명季世相逢友以名
종귀일로군지의終歸一路君知矣
주년동지우다정州年同志友多情
왕소천궁야헌성往訴天宮也獻誠

또 성재 이시영은 『순교십현일록』 서문에서 다음과 같이 그의 죽음을 기렸다.

우리 국교를 다시 세우려 하던 그 때 기울어진 나라는 벌써 걷잡을 수 없었다.
지성을 품고 지한至恨을 안아 마침내 일사一死로써 교의 종풍宗風을 보이신 한 스승의 뒤를 이어서 내외에 홍포弘布됨이 자못 컸었으나, 그럴수록 적의 박해가 더욱 심하더니, 저즘께 북만에서는 무리에다 무리를 더하여 옥중에서 신고身故하신 이만 열 분이라.
이 열 분으로 말하면, 다 종문의 신사信使로서 이역풍상을 갖추 겪고, 한 곬만을 향하여 나아가다가 교를 붙들고 몸을 바쳤으니, 오늘날 그들의 의로운 자취를 기록하여 전함은 한갓 서자逝者을 위하여 말 수 없는 일일 뿐이 아니다. 인물을 아낌은 고금이 없으나, 오늘에 있어서는 참으로 묘현함은 탄식하지 아니 할 수 없다. 이 열 분이 그 조난遭難이 아니었던들, 우리의 일에 얼마나 도움이 되었을 것인가. 그러나 사람의 정신이란 죽어 없어지는 것이 아니다. 열 분의 변하지 아니하고 굽히지 않은 그 매움의 끼쳐 줌이 결코 적은 것이 아니다. 뒤에 남아 있는 우리는 그 끼침으로 하여금 아무쪼록 더 빛나게 더 장엄하게 할 책임이 있다.

| 이시영

또 생각하면, 산 사람은 누구며 죽은 사람은 누구냐. 뜻이 살아야 산 것이니, 몸의 존부存否는 오히려 제2에 속하는 바다. 이 열 분은 살았다. 누구든지 이 열 분의 눈에 산 사람이 아닌 것 같이 보이지 마라.

개천 4405년 9월 15일

성재 이시영

13
경교장의 통곡소리

　1945년 8월 15일 광복이 되고 대한민국임시정부가 환국한 이후, 경교장에 머물고 있던 백범 김구가 제일 먼저 만나고 싶어한 사람은 최준崔俊이었다. 안희제를 통해 대한민국임시정부에 막대한 자금을 지원한 사람이 바로 최준이었기 때문이다. 대한민국임시정부를 지원하기 위해 국내에서 독립운동 자금 조달에 힘썼던 안희제는 백산상회 등에서 같이 활동하던 동지인 '경주 최 부자' 최준으로부터 수 차례에 걸쳐 거액의 자금을 지원받았다.

　최준을 경교장으로 모셔오는 일은 김형극金瑩極이 맡았다. 하얀 모시 두루마기를 입은 최준이 경교장에 들어서자 김구는 "독립운동 자금을 보내주셔서 정말 고맙습니다"라며 반갑게 맞이했다. 이윽고 김구는 안희제를 통해 최준이 보내준 독립운동 자금 장부를 꺼내 펼쳐보였다. 최준도 나름대로 자신이 안희제에게 주었던 대한민국임시정부 지원금 명세서를 갖고 있었다. 최준은 무의식중에 김구가 보여준 장부와 자신의 자금명세서 수첩을 대조해 보았다. 그러자 그의 눈시울이 뜨거워졌다.

그리고 마침내 눈물이 눈앞을 가려 끝까지 볼 수 없었다.

최준이 안희제를 의심한 것은 아니지만 안희제가 대한민국임시정부 지원금으로 수차례 가져간 돈이 그대로 대한민국임시정부에 전달되리라고는 기대하지 않았다. 최준은 안희제가 활동자금과 여비로 상당액수를 사용했을 것으로 생각하고 자신이 준 자금의 절반이라도 대한민국임시정부에 전달되면 다행이라고 생각했다. 그런데 김구가 보여준 장부와 자기 수첩을 대조해 보니 자기가 안희제에게 준 자금이 한 푼의 차이도 없이 대한민국임시정부에 전달된 사실을 알게 되자 감동의 울음을 터뜨린 것이다.

| 김구

62세의 나이에도 불구하고 최준은 마침내 통곡하기 시작했다. 이윽고 그는 경교장 2층 마루로 나가 남쪽으로 난 창문을 열었다. 그리고 경남 의령의 안희제 묘소 쪽을 향해 목 놓아 울며 말했다.

| 최준

백산! 준을 용서해 주게! 내가 준 자금이 대한민국임시정부에 절반이라도 전달되었으면 다행으로 늘 생각한 준을 용서해 주게!

| 백산기념관

    이후 최준은 김형극과 같이 경남 의령 설뫼마을을 방문해 안희제의 묘소에 참배했다. 최준은 자신이 안희제에게 건넨 독립운동 자금이 어려운 역경 속에서도 대한민국임시정부에 정확하게 전달된 사실을 그가 순국한 후에야 알게 되었다. 그리하여 그 감동이 내심 안희제를 의심했던 죄책감으로 인해 김구를 만난 경교장에서 통곡했던 것이다.

글을 맺으며

안희제는 전통 유림 집안에서 태어나 한학을 수학하다가 러일전쟁과 을사늑약 강제 체결로 국운이 기울어 가자 서울로 올라와 보성전문학교·양정의숙 등에서 근대학문을 수학하고 국권회복을 위한 애국계몽운동에 투신했다.

그는 민중 계몽을 위해서는 교육이 급선무라고 판단하고 고향 경남 의령을 중심으로 의신학교와 창남학교를 세워 근대교육에 전념했으며, 윤상은 등과 함께 구포에 구명학교를 설립해 교장으로서 지도력을 발휘했다. 또 교남학우회를 조직해 임원으로 활동했으며 1909년 10월경에는 비밀결사인 대동청년단을 결성했다.

1910년 일제의 한국강점으로 인해 국내에서 활동이 어렵게 되자, 1911년 러시아로 망명해 현지의 독립운동지도자들과 국권회복을 위한 대책을 협의하고, 독립운동단체를 방문한 다음 중국을 거쳐 1914년 9월 귀국했다. 1911년에서 1914년에 이르는 망명기간 동안 그는 국외에서 전개되는 독립운동을 지원할 것을 결심하고, 귀국 후 즉시 이를 위한 활동에 착수했다.

　일제의 한국강점 이후 현실적으로 국내에서 독립운동은 거의 불가능했다. 따라서 대다수의 독립운동 지도자들이 국외로 망명할 수밖에 없는 상황이 되자, 안희제는 국외 독립운동을 지원하기 위해 국내연락망 구축·인재 양성·독립운동 자금 지원을 위한 '재정기지財政基地' 건설을 추진했다.

　그는 일제의 감시와 탄압 속에서도 백산상회를 설립해 독립운동 자금을 지원했으며 한 걸음 나아가 백산무역주식회사로 확대·개편했다. 그리고 남형우·최준·윤상은·박상진·서상일 등 영남지역의 청년지사들과 동지로 연대 관계를 맺었다. 그러나 일제의 감시망을 피해 지속적으로 활동하기란 쉬운 일이 아니었다. 결국 일제의 지목을 피하기 위해 안희제는 여러 분야에 걸쳐 광범위한 활동을 전개하게 된다.

　그는 장차 독립운동을 이끌 인재 양성의 목적으로 기미육영회를 조직해 해외 유학생을 파견했다. 또 『중외일보』를 통해 항일언론투쟁을 전개하기도 했으며, 한국에 침투하는 일본 자본과 정면 대결해 민족기업을 육성하고자 노력했다.

　이는 안희제가 독립운동 방략을 다양하게 시도했음을 말해주는데, 시기별로 살펴보면 1910년 이전에는 민중계몽과 근대민족교육을 위한 학교 설립을 통한 계몽운동에 투신했으며, 1910년 일제강점기에는 경제활동(백산상회)·언론활동(중외일보)·사회활동(전조선수재구제회)·종교활동(대종교) 등 다방면에 걸쳐서 활동영역을 확대해 갔다. 이는 그가 다방면에 걸쳐 학식과 능력을 갖추고 있었기에 가능한 일이었으며, 일제의 감시망에 발각되지 않기 위한 고도의 전략으로 생각된다. 그리하여 여러 차례에 걸쳐 중국을 오가며 국외 독립운동지도자들과 연계하고 그들에게 독립운동 자금을 조달하는 일이 가능했던 것이다.

1919년 3·1운동 이후 상하이에서 대한민국임시정부가 수립되자 백산상회를 연통제 조직의 교통사무국으로 활용했다. 또한 백산상회는 국내 동포들의 민족의식과 자주독립 사상을 고취하기 위한 『독립신문』의 국내 보급통로 역할도 수행했다.

1931년 『중외일보』를 통한 항일언론투쟁에 한계를 느낀 안희제는 중국으로 망명할 것을 결심했다. 그리고 국외독립운동기지 개척 구상을 실현하기 위해 발해의 고도인 동경성에 발해농장을 개설한 후 주로 영남지역 농민들을 이주시켜 정착시켰다.

만년에는 동경성으로 대종교총본사가 옮겨오자, 대종교서적간행회 회장·천진전건축주비회 총무부장 등의 직임을 맡아 대종교를 통한 독립운동 역량 확대를 시도했으나 임오교변으로 좌절되었다.

이렇듯 안희제의 독립운동 방략은 국내외를 막론하고 장기간 동안 다양하게 펼쳐졌다. 그럼에도 불구하고 일제에 발각되지 않은 사실은 그의 기획과 준비가 조직적이고 철두철미했음을 알려준다. 조국광복을 위해 독립운동가로서 일생을 살다간 그의 신념은 남달랐던 것이다.

안희제가 평생을 독립운동에 투신하면서도 활달하고 당당했던 것은 그 나름의 기상이 있었기 때문이었다. 그는 그 기상을 자신의 호인 '백산白山'을 따서 '백산기상'이라고 자처하고 백산기상은 바로 한반도 기상이요, 한반도의 정신이 바로 백산기상이라고 말하곤 했다. 안희제가 순

| 안희제 흉상(부산 용두산공원)

국할 때 남긴 유언에서도 그의 이러한 기상을 느낄 수 있다.

> 백산은 곧 죽어 갈 것이다. 허나 벅찬 기상은 사는 것이며,
> 백산은 이 기상 때문에 이승을 날리는 것이다.

부산 시민들은 광복 이후 안희제 선생 추모제를 해마다 부산 좌천동

정발鄭撥장군 단정壇庭에서 거행했다. 심산 김창숙은 다음과 같이 안희제를 추모했다.

선생의 일생은 우리 반제反帝 민족 선구자로서의 모습으로 거룩하고 당당함이었다. 마음에 사기私氣가 있었던가. 어디까지든 정대正大했으며, 사람을 용납함에 협량狹量했던가. 어디까지든 관대 활달했으며, 일을 꾀함에 견해가 짧았던가. 어디까지든 정확 원대했다. 그리고 그 무서운 적의 고문과 그 찔기찔기한 각양의 박해 밑에서도 꺼지지 않고 매진하는 용감성 등 엄연하여라, 어찌 우리 겨레의 백대사표百代師表의 기상이 아니겠는가.

안희제가 백산상회를 설립하고 독립운동을 전개한 부산의 용두산공원에 가면 그의 흉상이 멀리 현해탄을 건너 일본을 바라보고 있다. 그는 무슨 생각을 하고 있을까? 마치 감옥과도 같았던 암흑의 역사가 두 번 다시 되풀이 되지 않도록 근엄하고 당당한 모습으로 조국을 지키고 있는 듯하다.

독립운동가 안희제의 삶과 자취

1885년 8월 4일 (음력)	경남 의령군 부림면 입산리 168번지에서 안발安鏺과 고성 이씨李氏의 맏아들로 출생.
1891~1904년	고향에서 한학 수학.
1899년	창녕 성씨成氏와 결혼.
1903년 7월 15일 ~10월 10일	장석신 등 유림 30여 명과 지리산 일대를 유람하며 32수의 한시를 지어 『남유록』에 남김.
1905년	사립흥화학교에서 수학, 보성전문학교 경제과 입학.
1906년	양정의숙 경제과로 전학.
1907년	교남학우회 조직, 임원으로 활동.
	구명학교 설립(현재 부산 구포초등학교).
	의신학교 설립(의령군 의령면 중동).
	안동 협동학교 설립에 참여, 후원.
1908년	창남학교 설립(의령군 부림면 입산리).
	교남교육회 평의원, 교육시찰위원.
	구포저축주식회사 주주.
1909년	구명학교 교장 취임(2년간 재임).
1909년 10월	대동청년단 결성(2대 단장).

1910년	양정의숙 경제과 졸업.
1911년 10월 3일	대종교 입교.
1911년	러시아 블라디보스토크로 망명, 안창호·이갑李甲·신채호 등과 조국광복 계획에 대해 논의. 블라디보스토크에서 최병찬崔秉瓚 등과 『독립순보』 간행에 참여.
1914년	중국을 거쳐 귀국(독립운동 국내 연락 책임).
1914년 9월	이유석李有石, 추한식秋翰植 백산상회 설립, 부산상업회의소 부회장, 부산상업학교 이사.
1916년	백산상회 지점 및 연락 사무소 설치(국내 : 서울·대구·원산·인천 등 18개소, 중국 : 안동·봉천·길림 등 3개소).
1918년	만주 안동현 접수리에서 족형 안효제 순국, 도만渡滿해 박광朴洸·김삼金三 등과 독립운동 대책 논의. 백산상회 합자회사로 개편.
1919년 1월 14일	백산무역주식회사 설립인가(백산상회를 확대 개편).
1919년 2월 17일	백산무역주식회사 발기인 총회 개최(발기인 : 안희제·최준·윤현태 등, 자본금 100만 원).
1919년 3월	3·1운동이 일어나자 안준상安駿相을 고향인 의령에 파견해 독립선언서를 영남 일대에 배포.
1919년 5월 28일	백산무역주식회사 제1회 주주총회 개최(출석 주주 40인, 취체역 : 윤현태·최준·조동옥·안희제·정재원·이종화·윤병호·허걸·이우석, 감사역 : 윤상은·문영빈·김상익 선임).

1919년 6월 9일	백산무역주식회사 초기 중역진의 구성(사장 : 최준, 전무 취체역 : 윤현태, 취체역 : 안희제·조동옥·정재원·이종화·윤병호·허걸·이우석, 감사역 : 윤상은·문영빈·김상원).
1919년 7월 1일	백산무역주식회사 영업 개시.
1919년 8월	조선주조주식회사 설립, 대표 취임.
1919년 11월	기미육영회 조직, 간사에 피선.
1919년 12월	부산예월회 대표.
1920년 4월 1일	『동아일보』 창립 발기인으로 참여, 『동아일보』 부산지국장 역임(창간 당시부터 1921년 6월까지).
1920년 9월	백산무역주식회사 임원 개선(사장 : 최준, 사무 취체역 : 최태욱, 취체역 : 김기태·이우식, 감사역 : 박해○·장진달·김종엽).
1920년 12월	도만한 뒤 동현에서 신성모·박광 등 독립운동가들과 독립운동 대책 협의, 귀국길에 신의주에서 체포당함.
1921년 8월	백산무역주식회사 임원 이동[지배인 최순이 상무 취체역으로 승진하고, 신임 지배인으로 진우여길眞禹與吉(전 조선은행 근무) 선임].
1921년	일본 동경에 본부를 둔 친일단체 상애회相愛會 회장 박춘금朴春琴이 일본도항증명서 판매제도를 시행하자 노동자들과 함께 '박춘금 성토대회'를 개최, 윤병호 등 5명과 함께 상경해 항의 진정투쟁을 전개, 도항증명세 폐지.
1921년	부산고등보통학교 설립 추진.

1921년 8월	부산 주택난구제기성회 실행위원.
1922년 1월	민립대학설립기성준비회 발기인으로 참여.
1924년 2월	유도협성회 이사.
1925년 6월	부산청년회 재무부 간사.
1925년 7월 31일	백산무역주식회사 제6회 정기총회 개최.
1925년 9월 12일	백산무역주식회사 감사역 문영빈이 간부인 최준·최순·안희제·윤병호·최태욱을 사기횡령죄로 부산지방법원 검사국에 고발.
1925년 9월 19일	백산무역주식회사 주주대표 중역 고소(주주대표 지창규·이우식·서상일 등이 최준·최순·안희제·윤병호·최태욱·문영빈·윤현태 등 중역들을 부산지방법원 검사국에 고소, 제3회 불입으로 기한이 지난 주주에게 실권처분을 단행하고 재산을 집행. 대구에서 실권주주 총회 개최, 윤상태 외 1인 1·2심에서 패소, 경성고등법원에 상고).
1925년 10월 2일	경성고등법원 상고심에서 실권주주 측 승소.
1925년 10월 20일	백산무역주식회사 임시주주총회 개최(주주 30여 명 출석, 정관 10조의 '주권의 처분은 주주들 간에만 행한다'는 조항 삭제 요구. 의장 이우진 자격문제 제기, 신임 임원 불신임안 상정. 이우식·최태욱·윤병호·안희제를 신임 중역으로 선출).
1926년	부산도립여자고등보통학교 기성회 임원.
1926년 4월 ~1928년 3월	부산상업회의소 부회장.

1926년 11월 15일	중외일보사 경영.
1926년	해외독립운동기지 개척을 위해 동만주 일대 시찰.
1927년	자력사自力社 설립, 협동조합운동 전개.
1928년 1월 29일	백산무역주식회사 해산.
1928년 4월	협동조합경리조합 이사장.
1929년 9월 1일	중외일보사 사장 취임.
1930년 2월 5일	『중외일보』 발행인 겸 편집인(1930년 2월 5일자).
1930년	전조선수재구제회 조직(수재민 구제에 헌신).
1931년 10월 14일	중앙일보사 고문.
1933년	발해농장 경영(만주 영안현 동경성).
1934년 3월 15일	대종교 영계靈戒에 지수祗受.
1935년 1월 15일	대종교 참교參敎로 선출.
1936년 6월 23일	대종교 지교知敎로 승질.
1941년 1월 15일	대종교 상교尙敎로 승질, 대종교 서적간행회 회장.
1942년 10월	대종교 천진전건축주비회 총무부장.
1942년 11월 19일	임오교변. 고향에서 신병 치료를 위해 요양 중 체포(중국 목단강 경무청에 수감).
1943년 8월 3일	병보석 출감 후 족제族弟가 경영하는 영제의원(중국 목단강)에서 순국.
1962년	건국훈장 독립장 추서.

참고문헌

〈논문〉

- 조기준, 「지사 안희제와 백산상회」, 『한국기업가사』, 박영사, 1973.
- 김준헌, 「백산 안희제의 사적연보」, 『민족문화논총』 제5집, 영남대.
- 김의환, 「백산(白山) 안희제(安熙濟)」, 『한국언론인물지』, 한국신문연구소, 1981.
- 박영석, 「대종교의 민족의식과 독립운동」, 『한민족독립운동사연구』, 일조각, 1982.
- 천경화, 「대종교의 민족교육운동에 관한 연구 : 중국 동북지역(만주)을 중심으로」, 『백산학보』 27, 백산학회, 1983.
- 박영석, 「대종교의 임오교변연구」, 『일제하 독립운동사연구』, 일조각, 1984.
- 신용하, 「신민회의 창건과 그 국권회복운동」, 『한국민족독립운동사연구』, 을유문화사, 1985.
- 백산안희제선생기념사업회, 「백산 안희제선생 연보」, 『백산 육영회지』, 1987.
- 강영심, 「신한청년당의 결성과 활동」, 『한국독립운동사연구』 2, 독립기념관 한국독립운동사연구소, 1988.
- 이달우, 「백산 안희제의 교육활동」, 『학생생활연구』 17, 공주대학교 학생생활연구소, 1988.
- 박종대, 「백산 안희제 선생의 애국사상」, 광복 44주년 기념 독립운동사 학술대회발표문, 1989.
- 조동걸, 「대한광복회의 결성과 그 선행조직」, 『한국민족주의의 성립과 독립운동사연구』, 지식산업사, 1989.

- 박영석, 「항일독립운동가 열전 백산 안희제」, 『항일독립운동의 발자취』, 탐구당, 1993.
- 이동언, 「일송 김동삼 연구」, 『한국독립운동사연구』 7, 독립기념관 한국독립운동사연구소, 1993.
- 정관, 「교남교육회의 활동과 성격」, 『1900년대의 애국계몽운동연구』, 아세아문화사, 1993.
- 이귀원, 「1920년대 전반기 부산지역 민족해방운동의 전개와 노동자계급의 항쟁」, 역사문제연구소 편, 『한국근현대지역운동사 I - 영남편』, 여강, 1993.
- 권대웅, 「1910년대 경상도지방의 독립운동단체 연구」, 영남대 박사학위논문, 1993.
- 이동언, 「백산 안희제 연구」, 『한국독립운동사연구』 8, 독립기념관 한국독립운동사연구소, 1994.
- 권대웅, 「한말 교남교육회 연구」, 『중산 정덕기박사 회갑기념 한국사학논총, 한국사의 이해』, 경인문화사, 1996.
- 이귀원, 「백산 안희제선생의 백산정신」, 『백산 안희제선생독립정신계승사업회 학술심포지엄 발표문』, 1997.
- 오미일, 「일제시기 안희제의 기업활동과 경제운동」, 『국학연구』 5, 국학연구소, 2000.
- 이동언, 「안희제의 교육구국운동」, 『국학연구』 5, 국학연구소, 2000.
- 김동환, 「대종교와 안희제」, 『국학연구』 5, 국학연구소, 2000.
- 이현익, 「대종교인과 독립운동연원」, 『대종교보』 288, 대종교총본사, 2000.
- 정진석, 「백산 안희제의 중외일보를 통한 항일언론」, 『국학연구』 5, 국학연구소, 2000.
- 이동언, 「단암 이용태의 생애와 독립운동」, 『국학연구』 8, 국학연구소, 2003.
- 이동언, 「백산 안희제의 국권회복운동」, 『백산사상 심포지엄 발표문』, 의령문화원, 2006.
- 김동환, 「대종교의 민족운동」, 『종교계의 민족운동』(한국독립운동의 역사

38), 독립기념관 한국독립운동사연구소, 2008.
- 강대민, 「백산 안희제의 대동청년단운동」, 『근대 부산의 민족운동』, 경인문화사, 2008.
- 서굉일, 「단군교포명서와 항일민족운동」, 『단군교포명서에 나타나는 역사인식에 대한 검토-단군교포명서 선포 100주년 기념 학술회의발표문』, 국학연구소·국학원, 2009.

〈단행본〉
- 『황성신문』.
- 『대한매일신보』.
- 『매일신보』.
- 『중외일보』.
- 『중앙일보』.
- 『동아일보』.
- 『조선일보』.
- 안국제, 「백산공가장급유사약록」(안희제의 동생 안국제가 백산 안희제의 행적을 순한문체로 기록한 일대기).
- 『남유록』(독립기념관 소장).
- 『구포사립학교기부』(1906년 10월, 부산구포초등학교 소장).
- 『구포사립구명학교졸업생현상조사부』(부산구포초등학교 소장).
- 『조선은행·회사요람』, 동아경제시보사, 1921.
- 『부산항경제통계요람』, 부산상업회의소, 1922년 8월호.
- 『부산상업회의소월보』 제34호, 1928년 1월호.
- 『부산상업회의소월보』 제46호, 1929년 1월호.
- 조선총독부경무국, 『朝鮮に於けろ出版物槪要』, 1930.
- 경상북도경찰부, 『고등경찰요사』, 1934.
- 대한문화정보사, 『독립혈사』, 1956.

- 김승학, 『한국독립사』, 사단법인 독립동지회, 1965.
- 김정명, 『조선독립운동』 1 – 분책, 원서방, 1967.
- 박원표, 『항도부산』, 1967.
- 주요한, 『월간 아세아』 7·8월호, 1969.
- 대종교 종경종사 편수위원회, 『대종교중광육십년사』, 대종교총본사, 1971.
- 외솔회, 『나라사랑』 19(백산 안희제 선생 특집호), 1975.
- 고려대학교편찬위원회, 『고려대학교 70년지』, 1975.
- 동아일보사사편찬위원회, 『東亞日報社史』, 1975.
- 독립운동사편찬위원회, 『독립운동사자료집』 13, 1976.
- 김양우, 「부산의 선각자 : 항일독립투사 백산 안희제」, 『부산일보』 1981년 8월 24일~10월 28일 연재.
- 독립운동사편찬위원회, 『독립운동사』 3·4·8·10, 1983.
- 김영삼, 『김마리아』(인물평전총서 7), 한국신학연구소, 1983.
- 박영석, 『일제하 독립운동사연구』, 일조각, 1984.
- 최준, 『한국신문사』, 일조각, 1987.
- 정진석, 『한국언론사연구』, 일조각, 1988.
- 국사편찬위원회, 『한민족독립동사자료집』 7~9, 1988~1989.
- 아세아문화사, 『교남교육회 잡지』(영인본), 1989.
- 독립기념관 한국독립운동사연구소, 『도산안창호자료집(1)』(한국독립운동사 자료총서 4), 1990.
- 부산직할시 시사편찬위원회, 『부산시사』 4, 1991.
- 부산직할시 북구청, 『부산북구향토지』, 1991.
- 이현희, 『조동우, 항일투쟁사』, 청아출판사, 1992.
- 조항래 편저, 『1900년대의 애국계몽운동연구』, 아세아문화사, 1993.
- 김흥주, 『백산 안희제 선생 항일독립운동 이야기 겨울민들레』, 배달, 1993.
- 광복회대구·경북연합지회, 『일제의 한국침략과 영남지방의 반일운동』, 1995.

- 박달재수련원, 『애국지사 단암이용태선생문고』, 동화서관, 1997.
- 오미일, 『한말~1920년대 조선인 자본가층의 형성 및 분화와 경제적 지향』, 성균관대학교 박사학위논문, 1998.
- 부산일보사, 『백산의 동지들』, 1998.
- 부경역사연구소, 『시민을 위한 부산인물사 : 근현대편』, 선인, 2004.
- 이동언 외, 『제천 애국지사 이용태의 삶과 사상』, 세명대학교 지역문화연구소, 2005.
- 오미일, 『경제운동』(한국독립운동의 역사 36), 한국독립운동사편찬위원회·독립기념관 한국독립운동사연구소, 2008.
- 권대웅, 『１９１０년대 국내독립운동』(한국독립운동의 역사 １５), 한국독립운동사편찬위원회·독립기념관 한국독립운동사연구소, 2008.

찾아보기

ㄱ

강남호 142
강복순 59
강시봉 69
강우규 67
강일순 106
강철구 127
경교장 7
경남은행 58
경남인쇄주식회사 57
경상합동은행 58
경성방직 58
경성방직주식회사 59
계화 136
고려요업주식회사 58
곽재기 36
관동학회 25
교남교육 7
교남교육회잡지 25
교남학생친목회 32
교남학우회 19
교성대 142
교통국 65
구금고황 156
구명학교 18

구포공립보통학교 19
구포은행 59
구포저축주식회사 59
권동진 94
권영준 151
귀일당 137
금강농장 123
기길 133
기미육영회 7
기호학교 30
기호흥학회 25
길림군정사 141
김교헌 132
김구 50
김국태 24
김기수 21
김기전 99
김기태 57
김노규 134
김동리 76
김동삼 22
김두봉 132, 140
김두천 151
김마리아 67
김범부 76
김병덕 136

김사용 32
김삼 70
김상원 52
김상익 52
김성수 106
김성업 103
김시구 101
김약연 138
김영숙 152
김영택 61
김완섭 62
김용조 51
김용채 100
김원봉 44
김응섭 36
김정균 72
김정설 75, 76
김종범 81
김종엽 57
김좌진 132
김준석 24
김중환 25
김진호 151
김찬성 120
김창숙 173
김태규 68
김태원 108
김형극 166
김홍량 37
김효석 60

ⓝ

나석주 67
나중소 142
나철 132
남유록 13
남의태 72
남형우 22
노정일 12)

ⓓ

다물단 36
단군교 132
달성친목회 32
대동무역회사 58
대동청년단 7
대종교총본사 126
대종학원 147
대한광복회 35
대한국민회 144
대한군정서 134
대한독립군 144
대한독립군단 144
대한독립선언서 138
대한독립의군부 35
대한민국임시정부 19
대한민국임시정부공보 68
대한자강회 26
대한정의단 134
대한협회 26
독립순보 49
독립신문 66

동경성보통학교 124
동래부학생친목회 32
동만농사주식회사 123
동명 106
동성상회 92
동아일보 58
동원당 137
동창학교 134

ㅁ

매일신보 55
명동학교 135
무오독립선언서 138
문상우 24
문시환 75
문영빈 52
물산장려운동 96
민립대학설립기성준비회 24

ㅂ

박광 38
박기종 59
박달학원 134
박상진 24
박승익 133
박용주 18
박은식 132
박정동 25
박중화 32
박찬익 132
박창익 136

박춘금 90
박형전 18
발해농장 7
발해보통학교 24
백관수 93
백산무역주식회사 44
백산상회 7, 51
백산학교 134
백순 133
변상호 60
보광학교 25
보성전문학교 15
보천교 106
부산도립여자고등보통학교 24
부산상업회의소 24
부산예월회 7
부산진공립상업학교 24
부산진구락부 92
부산청년회 85
북선창고주식회사 81

ㅅ

사관연성소 142
사립흥화학교 15
산업조합 98, 99
삼산병원 93
삼시협정 146
삼일신고 131
상산중학 48
상애회 84
상호 26
서기표 18

서로군정서 141
서병호 66
서북학회 25
서북협성학교 30
서상무 123
서상일 22
서우사범학교 30
서우西友학회 30
서윤제 151
서일 126, 132
성준용 142
성태영 51
성하식 151
손영순 45
손지현 26
순교십현일록 164
시대일보 103
신간회 93
신국보 140
신규식 132
신민부 145
신민회 35
신백우 22
신상태 22, 38
신석우 93
신성모 22
신채호 132
신채호 36
신팔균 36
신한청년 68
신한청년당 66
신흥무관학교 141

ㅇ

안기종 10
안담 51
안상덕 21
안석제 15
안용수 151
안익제 10
안재홍 93
안준상 70
안중근 35
안창호 49
안향安珦 8
안호상 75
안효제 20
안희제 8
양산학교 48
양정의숙 17
엄주원 59
연통제 65
영제의원 163
오치현 18
용두산공원 173
유덕섭 51
유도협성회 24
유억겸 94
유영복 100
윤병호 34
윤상은 18
윤상태 38
윤세복 36, 126
윤정현 152
윤필은 58

윤필한 126
윤현진 19
윤현태 45
윤홍석 58
의신학교 18
의열단 44, 100
의춘상행 58
이각종 24
이갑 49
이경우 24
이경화 18
이극로 36
이대위 138
이덕환 103
이동녕 132
이동휘 49
이륭양행 66
이범석 132
이병호 75
이상룡 142
이상설 132
이상재 93
이상협 106
이성빈 151
이세영 138
이수영 43, 63
이순탁 99
이승만 138
이시목 99
이시열 38
이시영 70
이용익 17

이용태 152
이우석 52
이우식 37
이우진 60
이원식 32
이유석 50
이장령 142
이재유 152
이정화 51
이제만 75
이조원 45
이종욱 67
이종주 151
이종호 17
이종화 21, 52
이토 히로부미 35
2·8독립선언서 66
이하영 26
이해천 63
이현익 152
이호연 43
이홍래 137
이희직 32
일금상회 58
일민보 140
일신여학교 67
임방 138
임오교변 7, 128
임오십현 153
임유동 108

자력사 100
자유공단 138
자유시사변 144
자작농창제 122
장석신 13
장우석 18
장작상 146
장진달 57
전석준 57
전진한 75
정명의숙 19
정봉시 12
정상룡 92
정순모 51
정인찬 45
정재원 52
조동옥 52
조두용 123
조병옥 94
조선경제 99
조선국권회복단 22
조선노동공제회 43
조선어학회 78
조선은행회사요록 57
조선일보 101
조선주조주식회사 55
조선철도주식회사 59
조성환 140
조유환 61
조창용 133
주시경 140

주요한 66
중광단 134
중앙일보 120
중외일보 7, 100
지석영 140
G. L. 쇼 66
지창규 61

차경석 106
창남학교 18
채오 136
천진전건축주비회 131
청산리대첩 142
최관 126
최남선 103
최병찬 22
최병학 138
최순 60
최완 43
최원호 97
최윤동 103
최정덕 25
최준 51
최태석 45
최태욱 45
추한식 50

ㅌ

태궁상회 38

안희제 189

ㅎ

학지광 97
한병주 68
한홍 138
함상훈 99
함일학교 134
해원도 146
해천양행 63
허걸 51
허혁 138
현영운 26

현천묵 133
협동조합경리조합 100
협동조합운동 7
협동학교 21
호남학회 25
홍명희 106
홍범규제 131
홍범도 132
홍종희 81
화명학교 19
황상규 138

독립운동 자금의 젖줄 안희제

1판 1쇄 인쇄 2010년 6월 10일
1판 3쇄 발행 2020년 8월 15일

글쓴이   이동언
기 획   독립기념관 한국독립운동사연구소
펴낸이   주혜숙
펴낸곳   역사공간
         주소: 04000 서울특별시 마포구 동교로19길 52-7 PS빌딩 4층
         전화: 02-725-8806
         팩스: 02-725-8801
         E-mail: jhs8807@hanmail.net
         등록: 2003년 7월 22일 제6-510호

ISBN 978-89-90848-51-2 03900

• 잘못된 책은 바꿔 드립니다.

역사공간이 펴내는 '한국의 독립운동가들'

독립기념관은 독립운동사 대중화를 위해 향후 10년간 100명의 독립운동가를 선정하여,
그들의 삶과 자취를 조명하는 열전을 기획하고 있다.

001 근대화의 선각자 - 최광옥의 삶과 위대한 유산
002 대한제국군에서 한국광복군까지 - 황학수의 독립운동
003 대륙에 남긴 꿈 - 김원봉의 항일역정과 삶
004 중도의 길을 걸은 신민족주의자 - 안재홍의 생각과 삶
005 서간도 독립군의 개척자 - 이상룡의 독립정신
006 고종 황제의 마지막 특사 - 이준의 구국운동
007 민중과 함께 한 조선의 간디 - 조만식의 민족운동
008 봉오동·청산리 전투의 영웅 - 홍범도의 독립전쟁
009 유림 의병의 선도자 - 유인석
010 시베리아 한인민족운동의 대부 - 최재형
011 기독교 민족운동의 영원한 지도자 - 이승훈
012 자유를 위해 투쟁한 아나키스트 - 이회영
013 간도 민족독립운동의 지도자 - 김약연
014 대한민국 임시정부의 민족혁명가 - 윤기섭
015 서북을 호령한 여성독립운동가 - 조신성
016 독립운동 자금의 젖줄 - 안희제
017 3·1운동의 얼 - 유관순
018 대한민국임시정부의 안살림꾼 - 정정화
019 노구를 민족제단에 바친 의열투쟁가 - 강우규
020 미 대륙의 항일무장투쟁론자 - 박용만
021 영원한 대한민국임시정부의 요인 - 김철
022 혁신유림계의 독립운동을 주도한 선각자 - 김창숙
023 시대를 앞서간 민족혁명의 선각자 - 신규식
024 대한민국을 세운 독립운동가 - 이승만
025 한국광복군 총사령 - 지청천

026 독립협회를 창설한 개화·개혁의 선구자 - 서재필
027 만주 항일무장투쟁의 신화 - 김좌진
028 일왕을 겨눈 독립투사 - 이봉창
029 만주지역 통합운동의 주역 - 김동삼
030 소년운동을 민족운동으로 승화시킨 - 방정환
031 의열투쟁의 선구자 - 전명운
032 대종교와 대한민국임시정부 - 조완구
033 재미한인 독립운동의 표상 - 김호
034 천도교에서 민족지도자의 길을 간 - 손병희
035 계몽운동에서 무장투쟁까지의 선도자 - 양기탁
036 무궁화 사랑으로 삼천리를 수놓은 - 남궁억
037 대한 선비의 표상 - 최익현
038 희고 흰 저 천 길 물 속에 - 김도현
039 불멸의 민족혼 되살려 낸 역사가 - 박은식
040 독립과 민족해방의 철학사상가 - 김중건
041 실천적인 민족주의 역사가 - 장도빈
042 잊혀진 미주 한인사회의 대들보 - 이대위
043 독립군을 기르고 광복군을 조직한 군사전문가 - 조○
044 우리말·우리역사 보급의 거목 - 이윤재
045 의열단·민족혁명당·조선의용대의 영혼 - 윤세주
046 한국의 독립운동을 도운 영국 언론인 - 배설
047 자유의 불꽃을 목숨으로 피운 - 윤봉길
048 한국 항일여성운동계의 대모 - 김마리아
049 극일에서 분단을 넘은 박애주의자 - 박열
050 영원한 자유인을 추구한 민족해방운동가 - 신채호

1	독립전쟁론의 선구자 광복회 총사령 – 박상진	076	시대를 뛰어넘은 평민 의병장 – 신돌석
2	민족의 독립과 통합에 바친 삶 – 김규식	077	남만주 최후의 독립군 사령관 – 양세봉
3	'조선심'을 주창한 민족사학자 – 문일평	078	신대한 건설의 비전, 무실역행의 독립운동가 – 송종익
4	겨레의 시민사회운동가 – 이상재	079	한국 독립운동의 혁명 영수 – 안창호
5	한글에 빛을 밝힌 어문민족주의자 – 주시경	080	광야에 선 민족시인 – 이육사
6	대한제국의 마지막 숨결 – 민영환	081	살신성인의 길을 간 의열투쟁가 – 김지섭
7	좌우의 벽을 뛰어넘은 독립운동가 – 신익희	082	새로운 하나된 한국을 꿈꾼 – 유일한
8	임시정부와 흥사단을 이끈 독립운동계의 재상 – 차리석	083	투탄과 자결, 의열투쟁의 화신 – 나석주
9	대한민국임시정부의 초대 국무총리 – 이동휘	084	의열투쟁의 이론을 정립하고 실천한 – 류자명
	청렴결백한 대한민국 임시정부의 지킴이 – 이시영	085	신학문과 독립운동의 선구자 – 이상설
	자유독립을 위한 밀알 – 신석구	086	민중에게 다가간 독립운동가 – 이종일
	전인적인 독립운동가 – 한용운	087	의병전쟁의 선봉장 – 이강년
	만주 지역 민족통합을 이끈 지도자 – 정이형	088	독립과 통일 의지로 일관한 신뢰의 지도자 – 여운형
	민족과 국가를 위해 살다 간 지도자 – 김구	089	항일변호사의 선봉 – 김병로
	대한민국임시정부의 이론가 – 조소앙	090	세대·이념·종교를 아우른 민중의 지도자 – 권동진
	타이완 항일 의열투쟁의 선봉 – 조명하	091	경술국치에 항거한 순국지사 – 황현
	대륙에 용맹을 떨친 명장 – 김홍일	092	통일국가 수립을 위해 분투한 독립운동가 – 김순애
	의열투쟁에 헌신한 독립운동가 – 나창헌	093	불법으로 나라를 구하고자 한 불교인 – 김법린
	한국인보다 한국을 더 사랑한 미국인 – 헐버트	094	독립공군 육성에 헌신한 대한민국임시정부 군무 총장 – 노백린
	3·1운동과 임시정부 수립의 숨은 주역 – 현순	095	불교계 독립운동의 지도자 – 백용성
	대한독립을 위해 하늘을 날았던 한국 최초의 여류비행사 – 권기옥	096	재미한인 독립운동을 이끈 항일 언론인 – 백일규
	대한민국임시정부의 정신적 지주 – 이동녕	097	재중국 한국인 아나키스트운동의 실천적 지도자 – 류기석
	독립의군부의 지도자 – 임병찬		
	만주 무장투쟁의 맹장 – 김승학	098	대한민국임시정부의 후원자 – 장제스
	독립전쟁에 일생을 바친 군인 – 김학규	099	우리 말글을 목숨처럼 지킨 – 최현배